はじめに

再会できることに感謝

全国の教室でマメ助が踊る

　大変ありがたいことに、前著「教師・子どもワクワク！小学5年理科　全単元スライド＆ワークシート」を活用してくださっている全国の先生方にお会いするたびに、「6年生版」の出版を熱望されました。初めて執筆した本をご活用いただけているという事実に、この上ない幸せを感じました。それだけではありません。「子どもたちがマメ助（拙著の導入スライドの主役）を好きすぎて、『次、マメ助はいつ出てくるんですか？』と言われます」と興奮気味に教室の熱気を伝えてくださる先生も一人や二人ではありませんでした。私が生み出したおとぼけキャラクターの「マメ助」が、全国の教室で私の知らない子どもたちの前で踊り出し、ボケてはツッコまれ、笑顔に囲まれているのを想像すると、一人一人の先生方と固い握手を交わしたい気持ちになります。

小学校全科教員として

　私は、東京都で公立小学校の教員をして20年目を迎えます。前著にも書きましたが、私は理科を専門的に勉強していたことがありません。それにも関わらず、理科の本を2冊も世の中に出させていただくことに恐縮するばかりです。しかし、全く卑屈な気持ちにもなりませんし、負い目などありません。私だからこそ、いや私にしか書けない本であることに誇りをもって執筆しています。

　今、時代は教員の負担軽減や、若手教員の持続可能な働き方を探るために、教科担任制や学年担任制が広がりつつあります。その是非を語ることは避けますが、私は「小学校全科」の教員であることに矜持をもち、腕を磨き続けてきました。

全教科を通して子どもの将来に関わっていけることの素晴らしさこそ、小学校の担任という仕事の醍醐味だとも思うからです。「専門教科は何ですか？」と質問を受けるたびに、「小学校全科です」と胸を張って言える自分であることをずっと目指してきました。

　もう少し解像度を上げますね。皆さんの学校にも、例えば「体育といえばA先生」「国語といえばB先生」「社会といえばC先生」という先生がいらっしゃることと思います。私の若い頃のモチベーションは、「体育ではA先生には敵わない。でも体育を除く全教科でA先生よりも授業力を高めたい」という勝負感でした。「国語以外でB先生に勝つ」「社会以外でC先生に勝つ」のように。今思えば、なんとも抽象的で勝敗のつけようもない子どもじみたモチベーションですが、不思議と目指せないこともないと思えたのです。そしてもしそれが叶ったら、子どもにとってかなり「よい先生」と言えるのではないかとも思いました。

　そこで毎年必ず、校内研究とは無関係の自主研修テーマを勝手に設定しました。「国語の文学教材の指導法の確立」「体育のボール運動における本質的なルール設定」「内容項目の分析と児童の実態から考える道徳授業づくり」「学習問題が自分事になる社会科の導入革命」などです。自分が一人で決めたテーマなので、受け身では決して伸びません。自ら本を買い漁り、読んでは実践し、トライアル＆エラーを繰り返しながら、血肉としていきました。

原動力は「恐れ」

　そんなことを少なくとも15年間続けてきたので、今では同僚から「研究授業でもないのにここまでするのですか？」「苦手な教科はないんですか？」「手を抜く時間がないの？」と驚かれます。しかし、そんなカッコよいものでもありません。なぜなら私の原動力はいつも「恐れ」だからです。子どもたちはいつだって素直です。どんなにつまらない授業をしても、厳しく叱れば座って授業を受けるでしょう。だからこそ恐れるのです。自分の授業を子どもが我慢して受けることを。

　子どもに我慢させず、前のめりになる授業を追求し続けてきた私の成果の一端を、本書を通して読者の皆様と共有できたら望外の幸せです。

目次

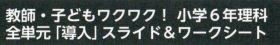

教師・子どもワクワク！小学6年理科
全単元「導入」スライド＆ワークシート

はじめに……………………………………………………………… 2

第1章　理論編

導入にこだわる〜主体的な学びを支える〜 ………………………… 8

問題を見いだす〜授業改善のポイント〜 …………………………… 10

理科の「問題」〜問題設定の意義〜 ………………………………… 12

問題設定の難しさ〜やればできるスキル〜 ………………………… 14

問題設定の評価〜指導と評価の一体化〜 …………………………… 16

問題解決の力〜各学年で育成すべき力〜 …………………………… 18

価値ある考察〜6年生の指導のポイント〜 ………………………… 20

足りなさの価値〜便利グッズは本当に便利か〜 …………………… 22

失敗の価値〜エジソンに学べ〜 ……………………………………… 24

第2章　実践編

本書の構成〜ドヤ顔フルコース〜 …………………………………… 26

活用のポイント〜ICTに全振りは違う〜 …………………………… 28

「物の燃え方と空気」

導入スライド台本……………………………… 30

導入で使うワークシート……………………… 34

予想される児童の反応………………………… 35

指導計画例……………………………………… 36

第6時ワークシート…………………………… 37

「動物の体の働き」

- 導入スライド台本……………………… 38
- 導入で使うワークシート………………… 42
- 予想される児童の反応…………………… 43
- 指導計画例………………………………… 44
- 第6時ワークシート……………………… 45

「植物の体の働き」

- 導入スライド台本……………………… 46
- 導入で使うワークシート………………… 50
- 予想される児童の反応…………………… 51
- 指導計画例………………………………… 52
- 第2時ワークシート……………………… 53

「生き物同士の関わり」

- 導入スライド台本……………………… 54
- 導入で使うワークシート………………… 58
- 予想される児童の反応…………………… 59
- 指導計画例………………………………… 60
- 第3時ワークシート……………………… 61

「月の形と太陽」

- 導入スライド台本……………………… 62
- 導入で使うワークシート………………… 66
- 予想される児童の反応…………………… 67
- 指導計画例………………………………… 68
- 第5時ワークシート……………………… 69

「大地のつくり」

導入スライド台本………………………………	70
導入で使うワークシート…………………………	74
予想される児童の反応…………………………	75
指導計画例………………………………………	76
第7時ワークシート………………………………	77

「てこの働き」

導入スライド台本………………………………	78
導入で使うワークシート…………………………	82
予想される児童の反応…………………………	83
指導計画例………………………………………	84
第5時ワークシート………………………………	85

「電気の利用」

導入スライド台本………………………………	86
導入で使うワークシート…………………………	90
予想される児童の反応…………………………	91
指導計画例………………………………………	92
第4時ワークシート………………………………	93

「水溶液の性質」

導入スライド台本………………………………	94
導入で使うワークシート…………………………	98
予想される児童の反応…………………………	99
指導計画例 ………………………………………	100
第7時ワークシート　………………………………	101

「地球に生きる」

導入スライド台本	102
導入で使うワークシート	106
予想される児童の反応	107
指導計画例	108
第2時ワークシート	109

おわりに……………………………………………………………………110

本書＆スライド　ストーリーの主人公

　ある学校に、理科の実験で使ったインゲンマメを家に持ち帰り、大切に大切に育てた5年生がいた。
　マメが収穫できると、次の年、また次の年と愛情を込めて育て続けたある年。いつものようにインゲンマメに「おはよう。大きくなあれ！」と話しかけると、「おはよう！　君のおかげでこんなに大きくなれたよ！」と登場したのだ！

導入にこだわる

主体的な学びを支える

無人島から脱出せよ

　私には三人の子どもがいる。息子がまだ小学生だった頃、録画までして見ていたテレビ番組に、無人島から脱出するという企画があった。無人島での食料の採集や、寝床の確保なども全て自分で行い、いかだを作って海を渡って帰れるかどうかというチャレンジである。そんな番組を見ながら、私はふと妄想する。これ、自分のクラスで行ったら楽しそうだなと。何を見ても「授業にできないかな」と思ってしまうのは、もはや職業病以外の何物でもないが、少しこの妄想に付き合ってほしい。

　さて担任として、このイベントを子どもたちにとって価値ある学びの機会にしたいと思ったとき、どうするだろうか。まずは「目的」の設定だ。「何のために無人島に行くのか」というゴールを明確にしたい。終わった後に、どんな感想を書かせたいかとも言える。もちろんそれは、ゴールできたかできなかったか以上に大切なものだ。

　次は、「目標」の設定だ。目標とは目的に到達するための道しるべである。何をどの順番でクリアしていけば、すでに想定した感想を子どもが書けるか。それを私なら、ゴールから逆算して考える。例えば、「一人一人に得意なことや苦手なこと、違いがたくさんあって、好き嫌いもあるけれど、力を合わせられるし仲間になれる」と帰校後に書かせたいとする。行程としての逆算は、①いかだを漕ぐ　②いかだを作る　③いかだの素材を収集する　④食事を作る　⑤食材を採集する　⑥島の様子を知る　ということになるだろうか。しかし大事なのは行程ではない。それぞれの活動の中で、どんな制限やアイテムを工夫することができるかによって、目的を果たせるかどうかが決まってくるのだ。番組にもあるが、持ち込める道具の数の制限や、困ったときのお助けアイテムやビデオメッセージ、道具や調味料を手に入れるためのチャレンジミッションなどを、どのタイミングでどのように設定すべきか、それこそが指導力である。そのためには念入りな実地踏査も必要不可欠だろう。

ツアコンになるな

　一方で、こんなプランはどうだろう。目的を伝えず、全員を船に乗せる。そして教師自身も子どもと同時に初めて無人島に到着する。そこで全員を引き連れて島を一周する。途中、寝床に使えそうなものがあれば説明して収集する。教師が用意した道具を配り、全員で魚釣りをする。調理方法を教え、一斉に調理し、全員に均等に分ける。全員で作った寝床に入り、9時に消灯する。3日目、いかだを作って自力で帰ることを伝え、全員で帰港する。

　きっとゴールに到着できるだろうし、楽しいだろう。しかし、それ以上に何が残るのであろうか。そもそも目的がない。この教師の役割は、まるでサービスを提供するツアーコンダクターである。

　しかし、冷静に考えてみてほしい。このツアコンのような授業をしていないだろうか。単元のゴールでどのような「考察」を得るべきかを設定しないまま事象に出合わせ、教師が問題を提示して、朱書き教科書を見ながら実験の説明をする。思い通りの結果にならないときは、「本当はこうなるんだよ」などと苦し紛れの言い訳をして映像資料を流す。

全ては出合わせ方にあり

　では、ツアコンではなく、主体的な学びを支える教師の役割を自覚したときに、どこに力を入れるべきか。それは「導入」であり、「事物・現象との出合わせ方」にあると私は思う。もちろん「導入」から考えるということではない。単元の終末にどのような考察を得るか、どのような資質や能力を育むかという「目的」を設定（学習指導要領により確認）した上で、逆算的に「目標」を設定する。そしてようやく考えるのだ。どのように事象と出合わせようかと。

　その後の問題解決の過程である、「問題設定」「予想」「計画」「観察・実験」「結果」「考察」「結論」が全て自分事になるためには、事物・現象とどう出合うかにかかっている。ひとたび火のついた「ワクワク」は、よほどのことがない限り、結論を得るまで持続する。そんな導入は考えられないよ…なんて心配しないでほしい。マメ助にお任せあれ。

問題を見いだす

授業改善のポイント

今求められる力

　平成29年度の学習指導要領から、「問題を見いだし表現することができたか」が求められるようになったことを知っているだろうか？　それまでは、問題を見いだすときには「比較する」ことができればよかったのだが、「表現する」ことが求められるようになったということは、児童が疑問に思ったことを、児童自身の言葉で「理科の問題」として言語化していく力を付けなければならない。

　学習指導要領解説理科編を見てもはっきりと分かる。「各学年の目標及び内容」の第3学年における「内容」の「イ（思考力・判断力・表現力）」については、「物と重さ」「風とゴムの力の働き」「光と音の働き」など全ての内容の文末が、「問題を見いだし，表現すること」となっている。そう、評価の観点にしなくてはならないのだ。平成29年度から約7年、理科を指導する全ての教員がこのことを意識し続けていたら、少なくとも4年生の4月にはこんな姿が見られることだろう。

事象との出合い

空のペットボトルを提示し氷水に入れたらバキバキと音を立ててへこみお湯に入れると元に戻る様子を演示する。

ペットボトルの中には何がある？

空気です！

空気の体積は温度と関係あるのかな……

では問題を作りましょう

左ページのように、「問題を作りましょう」と指示さえすれば、子どもたちは自分なりの言葉で「問題」を書き出していく。そして、個人の問題を基にした話し合いを通して、「空気は温度によって、体積をどのように変化させるのだろうか」とクラスの問題を設定する。

　こんな４年生を担任として迎えた４月があるだろうか。きっとないだろう。むしろ意識すらされていないことの方が多いことと思う。それくらい、学習指導要領に明示されていることと、現場の授業には大きな隔たりがある。むしろ、左ページを読んだ読者から「うるせー！」という本音さえ聞こえてくる。あぁ分かる、よく分かる。全教科を教える小学校の担任が、全教科全時間にそんなに全力投球できない。そう、その通り。しかも、授業以外にもやるべきことがてんこ盛りだ。

　だからこそ落ち着いて読んでほしい。理科を教える全ての教員が、先ほどのような授業を展開するなんて不可能だろう。しかし、理科の授業を少しでもより良くしたいと願い、本書を手に取りここまで読んでくださったあなただ。本書によって次の２点の授業改善を目指し、近付こうではないか、学習指導要領によって示された授業のできる教員に。

> 主体的に問題解決しようとする態度とは，一連の問題解決の活動を，児童自らが行おうとすることによって表出された姿である。児童は，自然の事物・現象に進んで関わり，問題を見いだし，見通しをもって追究していく。追究の過程では，自分の学習活動を振り返り，意味付けをしたり，身に付けた資質・能力を自覚したりするとともに，再度自然の事物・現象や日常生活を見直し，学習内容を深く理解したり，新しい問題を見いだしたりする。
> 　　　　　　　　　　　　※小学校学習指導要領（平成29年告示）解説理科編

授業改善のポイント

1. 子どもの気付きや疑問を整理して、子どもの言葉で問題を設定すること。
2. 教師主導の教え込みの授業スタイルを脱却すること。

理科の「問題」

問題設定の意義

問題設定はいつも面倒だ

　ハッキリ言おう。児童の言葉で問題設定をするのは、いつだって面倒だ。わざわざ授業をややこしくしているとさえ思う。だって教科書を開けば「問題」は書いてあるのだから。これではまるで、キャンプに行って夕飯を作ろうとするときに、ライターがあるのにわざわざ細い棒を両手でこすり「きりもみ式」で必死に火おこしをしているようなものだ。見る人が見たら滑稽でしかない。一緒にいる腹ペコの友達であれば、「そんなのいいから、とっとと火をつけよう」とイライラしてしまうことだろう。

　では、この「きりもみ式」で火おこしをする人と、イライラしている友達では、何が違うのだろうか。そう、大切にしているものが違うのだ。前者は足りなさの中に豊かさを求めていて、後者は生み出される時間に豊かさを求めているのではないだろうか。つまり「何に価値を見いだしているか」ということだ。
　授業ではどうか。「教科書『を』教える」か「教科書『で』教える」かの違いだと思う。教科書に書いてあることを書いてある通りに教え、ワークテストの点数を取らせることを最優先にするならば、児童に問題の設定をさせることに価値は見いだせないだろう。しかし、教科書に書いてあることを生かして、学習指導要領に示された資質能力を育もうと思ったら、問題を設定していくことは必須なのだ。

そもそも問題設定とは？

では、本書で言う「問題」とは何か。それを次のように定義したい。

> 自然の事物・現象についての気付きや疑問を
> 理科の授業によって検証が可能な形で児童が言語化した「問い」

このように定義すると、社会科で言う「学習問題」によく似ていることがお分かりいただけることと思う。そうなのだ。理科も社会科も「問題解決的な学習過程」の充実が求められている。では、理科と社会科における問題解決的な学習過程を大まかにまとめたい。

自然の事物・現象／社会的な事象 から **問題／学習問題** を見いだし（※理科／※社会）

実験や観察／諸資料や調査活動 を通して解決していく学習過程

このようにまとめると、ほとんど同じであることに気付くだろう。しかし、社会科の「学習問題」を児童の言葉で設定することを大切にする教師は多い一方で、理科の「問題」を児童の言葉で設定しようとする教師は多くない。そう、まさに「伸びしろですねぇ」。

 ## 問題設定はいつも難解だ

過日、自校で理科の研究発表会を行った。その際、壇上にいる私から参加者に質問を投げかけた。「理科授業における問題解決の過程の中で、どの場面に難しさを感じるか」と。「事象との出合い」「問題設定」「予想」「計画」「観察・実験」「結果」「考察」「結論」の中から複数回答可で挙手をしてもらった。すると圧倒的に多かったのが、「問題設定」の場面だった。なんと会場のほとんどの方が挙手をした。それだけ「子どもの言葉」で問題を設定するのは難しい。その難しさの秘密を次ページで解明していきたい。

問題設定の難しさ

やればできるスキル

問題設定自体は難しくない

　ここまで、問題設定の大切さを確認するとともに、実際にはそこまで現場に浸透していないことを明らかにしてきた。そして、多くの先生が難しさを感じていることも。しかし、実のところ授業の中で問題設定をすること自体はそこまで難しくない。子どもたちのつぶやきや発言をファシリテートしながら、あらかじめ教師が想定していた「問題」に丸め込めばよいのだ。そうすれば、クラスで解決したい「問題風なもの」を児童が主体的風に設定した風になり、問題解決的風な学習過程のスタートができる。

　あえてひどい揶揄をしたが、実は平成28年度まではこれでもよかった。問題を見いだせたかどうかについて、児童一人一人を評価することまでは求められていなかったからだ。しかし、すでに述べたように、現行の学習指導要領になった平成29年度からは「問題を見いだし、表現することができたか」が評価の観点になった。これは、問題設定【風】ではいけないことを意味している。クラス全体でなんとなくそれっぽい問題になったとしても、あの子がどんな問題を見いだし表現できたのかについて評価することはできないからだ。

　だからこそ難しいのは、うわべだけの【風】ではなく、一人一人に問題を見いださせ表現させることであり、さらにそれを「クラスの問題」として包括して設定することだ。これが非常に難しい。

　しかし、この「問題を見いだし表現する能力」と「問題を見いださせ表現させる指導スキル」については、それをした回数に比例するかのように高まると実感している。雑に言えば、やればだんだんとできるようになるし、やらなければいつまでもできるようにならないものだ。回数に比例するのだから、初めからうまくいくだろうなんて期待してはいけない。児童も教師もコツをつかみながら共に成長していく。それがこの問題設定なのだ。

難しさ①経験の個人差

　では、問題を見いだし表現させることの難しさはどこにあるのだろうか。1点目に、子どもたちの生活経験に大きな差があるということだ。しかも、一昔前に比べてこの差が激しくなったことは間違いないだろう。学区域に緑が茂る公園がどれだけあるだろうか、小動物や昆虫の飼育経験はどれだけの家庭にあるだろうか、地域の人や祖父母との会話はどれだけあるだろうか。これらの経験は、「理科の見方」を働かせる上で重要な経験であると言える。「クラスの問題」を設定するためには、クラスの大多数が同様に「どうしてだろう？」と共通の疑問を抱いていることが大切だが、生活経験の差が激しければ、疑問に思うポイントも異なる。それを「クラスの問題」として集約していくのは至難の業だ。共通体験をさせるために、導入段階で実際に現象に触れさせたり、演示で見せたりする手立てが必要になる。

難しさ②問題の拡散

　もう1点は、児童一人一人が書いた問題があまりにも拡散していて、それを包括する文言にならないということだ。その背景には、「難しさ①」で述べた経験の個人差も大きく影響するが、事物・現象との出合わせ方や、視点の絞った注目のさせ方など、教師の指導力に左右されることが大きい。さらに、理科の授業で検証可能かどうかという視点を子どもがもっているかということも影響してくる。「そんなこと問題にしても実験なんてできないよ」という問題が多数出てしまい、モグラ叩き的に削り落としていけば、そのうちに子どもたちは正解を探すようになってしまうか、問題をつくることをやめてしまうだろう。「科学的に問題解決できるか」という目を育てていかなければならない。

マメ助にお任せあれ

　そんな難しさを解消するために誕生したのが「マメ助」であると言っても過言ではない。どうかマメ助のストーリーに子どもたちを没入させながら、問題設定を楽しんでいただきたい。

問題設定の評価

指導と評価の一体化

評価の大切さ

　先ほどから、「問題を見いだし表現することができたか」が評価の観点になったことを述べてきた。指導するからには評価をするべきだし、評価するからには指導しなければならない。しかし、単元の導入場面で必ず一人一人について「問題を見いだし表現すること」を評価し蓄積している教師は、全国で理科を教えている教師の1％に満たないように思う。しかし、ぜひやっていきたい。なぜなら、児童一人一人への適切な評価をしていくということ以上に、授業力向上という視点で極めて重要な作業だと思うからだ。

　13ページで、本書で扱う「問題」という言葉を「自然の事物・現象についての気付きや疑問を理科の授業によって検証が可能な形で児童が言語化した『問い』」と定義した。この「理科の授業によって検証可能かどうか」という視点が、評価を重ねることで子どもの中で育っていく。評価基準を明確にもち、子どもとも共有することで、問題作りを重ねるたびに「よい問題」についての共通認識が形成される。つまり、評価を行うからこそ、「問題を見いだし、表現する」能力が高まっていくのだと実感する。

どう評価するか

私は、「問題設定」の場面で一人一人が記述した問題を次の評価基準で評価する。

A	B	C
理科の授業を通して検証することでマメ助の事件を解決することのできる問題を作る	共通点や違いに着目し理科の授業を通して検証できる問題を作ることができる	個人的な興味であり理科の授業の中で検証することは難しい問題になっている

問題設定の流れ

　例えば、第6学年「物の燃え方と空気」の導入を例に、問題設定の具体的な場面を考えてみたい。

真っ暗なキャンプ場のトイレに行くために、ろうそくの火を瓶に入れて持って行ったんだけど、途中で火が消えてしまって怖かったよ

なぜ、瓶の中の火は消えてしまったのでしょう。

人間と同じで息ができないと火は消えるんだよ

酸素がないからじゃないかな

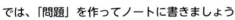
では、「問題」を作ってノートに書きましょう

火が燃え続けるためには酸素が必要なのだろうか
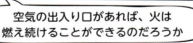
空気の出入り口があれば、火は燃え続けることができるのだろうか

　一人一人が「問題」を見いだしてノートに記述することができたら、いきなりクラス全体で話し合うのではなく、班で話し合うことをおすすめする。その上で、例えば以下のように「クラスの問題」を設定する。

ろうそくの火が燃え続けるためにはどのような条件が必要なのだろうか

問題解決の力

各学年で育成すべき力

センス・オブ・ワンダー

　これまで「問題設定」の場面に焦点化して説明してきた。問題解決の力は、学習過程の全てにおいて育成されるべきことであるが、導入場面での問題設定に手ごたえを感じるたびに、環境問題の古典「沈黙の春」の著者レイチェル・カーソンが、「センス・オブ・ワンダー」の中で述べているこの言葉を思い出す。前著でも引用したが、再び紹介させていただきたい。

　　美しいものを美しいと感じる感覚、新しいものや未知なものにふれたときの感激、思いやり、憐れみ、賛嘆や愛情などのさまざまな形の感情がひとたびよびさまされると、次はその対象となるものについてもっとよりよく知りたいと思うようになります。そのようにして見つけだした知識は、しっかりと身につきます。
　　消化する能力がまだそなわっていない子どもに、事実をうのみにさせるよりも、むしろ子どもが知りたがるような道を切りひらいてやることのほうがどんなにたいせつであるかわかりません。

　「センス・オブ・ワンダー」とは、「自然の不思議さや神秘さに目を見張る感性」と訳されているが、単元の導入において子どもたちにもともと備わっているはずの「センス・オブ・ワンダー」を刺激して、呼び覚ますための行為こそ、「問題を見いだし、表現する」ということだと思う。そして、教師によって押し付けられた課題ではなく、自分が仲間とともに見いだした「問題」だからこそ、「もっとよりよく知りたい」という問題解決の意欲が持続する。
　「センス・オブ・ワンダー」を呼び覚ます単元の導入があるからこそ、子どもたちは問題解決の力を培うための土俵に立てるのだ。

問題解決の力

さて、子どもたちを問題解決の力を培うための土俵に乗せることに成功したならば、「問題解決の力」についてもう少し詳しく見ていこう。小学校学習指導要領（平成29年告示）解説理科編では、次のように各学年で中心的に育成すべき「問題解決の力」が整理されている。

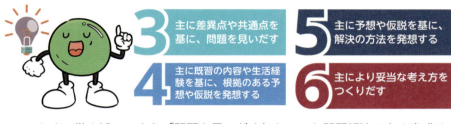

これまで散々述べてきた「問題を見いだす」といった問題解決の力の育成は、実は3年生で重視されている。しかし、目の前の子ども（6年生）にチューニングを合わせたときに、この力は十分に育成されているだろうか。4年生・5年生で重視する内容と比べても、3年生での「問題を見いだす力」の育成が軽んじられているように思えてならない。不十分であれば、何年生であろうと育成を目指して繰り返し指導を重ねていきたい。

より妥当な考え方とは

その上で、本来6年生で中心的に育成すべき問題解決の力である「より妥当な考え方をつくりだす」とは、一体どういうことなのだろうか。

「妥当」とは辞書には次のように書かれている。

> **実情によく当てはまっていること。適切であること。また、そのさま。**
> デジタル大辞泉より

理科における問題解決の学習過程の中で、「より妥当な考え方」が必要になるのは主に「考察」場面だ。そう考えると、ここで言う「実情」とは実験や観察によって得られた「結果」のことだ。結果を踏まえて、適切に考察することが「より妥当な考え方をつくる」ということになる。具体的な例を挙げて次ページで詳しく説明する。

価値ある考察
6年生の指導のポイント

考察とは

　13ページで紹介した、自校での研究発表会の折に私から投げかけた質問「理科授業における問題解決の過程の中で、どの場面に難しさを感じるか」に対して、「問題設定」の場面に次いで多かったのが、「考察」をさせる場面だった。ではどのように考察をさせるとよいか、私は次のように3段階で指導している。

　いわゆる「論証フレーム」の活用だ。
　「1 結果」というのは、観察や実験から得られた「事実」に過ぎない。つまりそこに、子どもの考えは入らない。
　「3 考察」というのは、結果を受けて妥当だと言えることだ。
　「2 結果の分析」は、「結果」を根拠としたときに「考察」を主張するための理由付けだ。

　先ほども取り上げた、「物の燃え方」の実験を例にして考えてみたい。すでに、「空気の通り道があれば、ろうそくの火は燃え続ける」ことを実験によって明らかにしているとする。次に調べたいことは、「空気の中でも、どの気体が物を燃やす働きに影響しているのか」ということだ。そこで、理科室の空気中の成分を調べる。するとおよそこのような結果になるだろう。

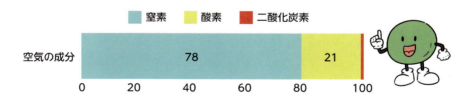

　窒素、酸素、二酸化炭素の空気中の割合が分かったところで、それぞれの気体を集気びんに充満させて、ろうそくの火を入れる実験を行う。もちろん、予想や仮説を立てた上で。

実験の結果は次のようになる。

窒素	酸素	二酸化炭素
すぐ消える	激しく燃える	すぐ消える

　この結果を踏まえて、先ほどの論証フレームに合わせて考察を考えていきたい。例えば考察として「酸素にはものを燃やす働きがあるが、窒素と二酸化炭素にはものを燃やす働きはない」と書いたとする。確かにその通りだ。しかし、この考察だと「結果の分析」が甘いと言える。むしろ分析をしていないために、結果と考察がほとんど同じだ。

　問題解決の学習過程の中で「考察」の場面が難しいと答える先生の多くは、このように「結果」と「考察」に違いがないことに悩んでいるのではないだろうか。「考察」というからには、もう一歩深く実験の意義を捉えさせたい。つまり、この実験は何を明らかにするために行ったものなのかという視点に立ち返らせるのだ。この実験は「空気の中でも、どの気体が物を燃やす働きに影響しているのか」ということを明らかにしたくて行った。であるならば、その視点で考察させるのだ。

　「影響」という言葉の解像度を上げると、次の3点で考察できる。

　①ものを燃やすのを助ける

　②ものを燃やすことに関係がない（影響しない）

　③燃えているものを消す働きがある

　酸素が①であることについて文句のつけようがないが、窒素や二酸化炭素が②なのか③なのかはまだ言い切れないのだ。つまり、酸素がないから燃えないのか、それとも空気中よりも窒素及び二酸化炭素が多いから燃えないのかは、まだ明らかになっていないのだ。

　そう、これが「より妥当な考え方」だ。次のような「結果の分析」が習慣化されれば、「より妥当な考え方」を導くことにつながるだろう。

> **実験の結果から、ここまでは言うことができるが
> この先はまだ明らかにできていない。**

　白か黒かで終わらせることが実験の目的ではない。1つのことが明らかになれば、1つ以上の分からないことが見えてくる。そこを大切にすることが「考察」の指導だと私は捉えている。科学的な探究は、まさに「終わりなき旅」なのだから。

足りなさの価値

便利グッズは本当に便利か

実験ありきの出来レース

　新年度になると、消耗品の予算申請のために教科書とにらめっこしながら、理科室にあるものと足りないものを洗い出し、必要なものを買ってもらうように理科主任に申し出る。忙しい新年度に、なかなか大変な作業である。その学年の理科を初めて教えることになった先生にとっては、何が必要かも見えてこないため、かなり労力のいる作業となる。しかし、このタイミングを逃してしまうと、年度途中には必要なものだとしても購入できないことが多い。授業の直前に教材や教具がそろわないことが分かったときのショックは大きい。

　それに引き換え、教材屋さんからワークテストやドリルとともに届けられるたくさんの理科教材キットの見本は大変魅力的である。それさえ注文すれば、その単元で必要なものはそろったも同然だ。しかし、私は3つの理由でこれらのキットを購入しないことを選択している。

1. 児童の主体的な学びを妨げるリスクがあるため。
2. 用意された実験以外の方法を選択することが難しいため。
3. 私費教材として保護者のお金で購入するものであり、慎重に検討すべきだと考えているため。

　1について補足する。問題解決の力を育てようとする上で、「問題を見いだし表現する」ことがいかに大切かについてたくさん述べてきた。そこで考えてみてほしい。本気で調べたい、解決したい、検証したいと目をキラキラさせて次時を迎えた児童の前に、まるでプラモデルやおもちゃのパッケージのような素敵な箱が一人1つずつ配られるのだ。ここまで読んだ読者の皆さんには、ぜひ違和感を抱いてほしい。問題を見いだし、予想や仮説を立て、実験方法を考えて、ようやく実験をするのが問題解決の学習過程だ。しかし、どんなに魅力的な導入を行ったとしても、この箱が配られた時点で、もはや「問題解決【風】」の学習にしかならない。むしろ、この箱を前にして「楽しそう」と喜ぶ子ではなく、「ちぇっ、つまんないの！」とふてくされるような子を私は育てたい。

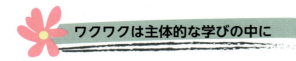
ワクワクは主体的な学びの中に

　左ページの2の補足をする。子どもたちに実験方法を考えさせることは、19ページで説明したように、5年生で重視して育成したい問題解決の力だ。しかしキットを配れば、丁寧に実験方法の説明書まで付属している。実験方法など考える必要がなくなってしまうのだ。

　また子どもたちは、教科書には出てこない実験方法を発想することがある。予備実験をした上で安全が担保され、かつ意味のある実験であるならぜひ取り組ませたい。

　例えば「電磁石の性質」。多くの教科書では「コイルの巻き数」と「電流の強さ」を変える実験が例示されている。しかし、かつて私が授業した際に、子どもたちからは必ずと言っていいほど「鉄芯の太さ」や「導線の太さ」も電磁石の強さに関係があるのではないかという仮説が出てくる。当然私は実験させてやりたいと思う。そこで、太さの異なるエナメル線とボルトを数種類用意した。

キットを買わなくても公費で一人1つのコイルを作らせることが十分にできる。

ホームセンターに行けば数種類の鉄芯を簡単に用意できる。

　仮説を検証してみると、「コイルの巻き数」も「電流の強さ」も「鉄芯の太さ」も「導線の太さ」も全て電磁石を強くする要因であることが分かる。すると当然子どもたちからは新たな「問題」が見いだされる。条件を組み合わせたらさらに強い電磁石ができるのではないかと。安全管理のために、制限は必要だが、それまで10個程度のクリップの数を記録する実験を繰り返してきた子どもたちが、桁外れの数のクリップを引き連れた電磁石を持ち上げたときの歓声は理科授業の醍醐味だ。

　誤解のないように言うと、理科教材キットを使用することを否定したいわけではない。しかし、主体的な学びの実現と、様々な実験方法を探ることで見せられる世界もあることを忘れないでほしい。

失敗の価値

エジソンに学べ

実験に失敗はない？

　学校生活における「学びの価値」を最大限に発揮できるようにと、私は折あるごとに子どもたちに語る。前著（5年生版）の理論編の最終ページには、「未知との遭遇を楽しむ」と題して「理科は分からないことを楽しむ時間」であることを伝える語りを紹介した。

　同様に、私は世紀の発明王「トーマス・エジソン」のエピソードを語ることも多くある。電球を発明したことでも有名なエジソンだが、その道のりは想像を絶する失敗の連続であった。電球の光り輝く部分である「フィラメント」を光らせるために、寝る時間をけずって何度も素材を変えて試すが、全く成功しない。その実験回数は、なんと2万回にものぼった。そして、何度も失敗し続ける様子を見ていたエジソンの友達はこう言った。

　「また失敗したのか。いつまでその失敗を繰り返せば諦めるんだい？」
　これに対してエジソンはこう答えたのだ。

> 私は実験に対して「失敗」など、一度たりともしていない。
> このフィラメントでは電球は光らないという「発見」を
> 2万回してきたのだ。

　そして子どもたちにも「実験の本当の価値」を伝えるのだ。
　実験の結果、予想とは違うことがある。思い通りの実験ができないこともある。しかし、それによって何かを「発見」することができたのなら、その実験は「失敗」などではないということを。

教えるか、発見させるか

　この話は、授業をする我々にも当てはめることができる。教科書通りの結果を得ることだけを目的としたならば、それ以外の結果は全て失敗ということになってしまう。

しかし、あえてうまくいかない実験をさせることから「発見」という価値を見いだすこともできる。「ふりこの動き」の実験を例に考えたい。次のような、教師による一方的な説明で、転ばぬ先の杖を用意して実験させたとする。

１往復の時間だと短すぎて分かりづらいから、10往復の時間を計って、10で割って平均を比べるようにします。

　しかし、これでは子どもたちの「この方法ではうまくいかない」という『発見』の機会を奪うことになる。そこで、あえてうまくいかない実験をさせる。

　話し合いの上、計算しやすい10往復を計ることにしたとする。しかしこれでも誤差は生じる。そこで誤差の概念をどう形成するか。例えば、「１往復の平均が0.2秒に満たないときは、誤差だと捉えることにしましょう」と一方的に教えることもできる。
　一方で、「同じと言っていいか、違うと捉えるべきか」という子どもの悩みを引き出しながら、誤差の範囲を全員で設定することもできる。

人間だからタイミングが少しずれてしまうね。何秒だったら誤差と言っていいかな？
先生が前で振り子を10往復させるからみんなで計ってみてね。同じ振り子を見て、<u>どのくらいの誤差が出るか調べよう。</u>それをこのクラスの誤差の範囲としよう。

　このように、教師が「失敗の価値」をどのように捉えているかによって、「学びの価値」そのものが決まってくると言っても過言ではない。

本書の構成

ドヤ顔フルコース

6年生版もオートマチック

　本書では「5年生版」と同様に、第6学年の理科で扱う全単元について、本書を手に取った全ての先生が、オートマチックに単元の導入と展開、まとめができるよう、以下の5つをパッケージ化している。

- 端末を選ばず すぐに使える単元の導入スライド — ストーリー仕立てで子どもの食いつきが「半端ない」
- スライドの台本 — これさえあれば今すぐ授業できる
- 指導上の留意点や予想される児童の反応 — 児童の反応が想定できていれば無理矢理レールに乗せようと焦る必要もない
- 指導計画例 — 導入がうまくいけば単元の9割は成功したようなものだが、深い学びへの道筋
- 厳選ワークシート — コピーしてすぐ使う or データで配布するデジタルワークシート

　5年生版で大変ご好評いただいたのは、何と言ってもマメ助による「単元の導入スライド」＆「台本」だ。「こんなに楽しい導入で1年間理科を進めていて、もし6年の担任へと持ち上がった場合、マメ助なしで理科の授業をどうしたらいいんだ」と、悲鳴にも似た要望をいただいたことも一度や二度ではない。私の思惑通り（？）、5年生版をお使いの先生はマメ助の依存性に取りつかれていることだろう。

　だからこそ、5年生版出版の1年後の出版にどうしても間に合わせたかった。そして、どうせ続編として執筆するならばと、マメ助のストーリーを大幅に強化した。コミカルなのに本質的な学びのきっかけを得るストーリーにも自信があるが、ストーリーそのものも5年生版よりも長くしている。どうぞ今年度もドヤ顔でマメ助を躍らせていただきたい。

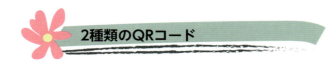

2種類のQRコード

　30ページ以降は、1単元8ページずつで本書を構成している。各単元の1枚目から、スライド画面と台本（読み原稿）が始まる。その一番上には、下のようなバナーがあり、2種類のQRコードを載せている。

　左側のQRコードは、閲覧専用のリンクとなっている。登録もサインインも不要で、すぐに表示できる。ただし、編集はできない。

　一方で右側のQRコードであれば編集が可能だ。ただし、サインインが必要になるので、Canvaへの登録が必要となる（教師は無料）。

　右側のQRコードを選び、サインインした場合、「表示のみ」可能な状態になっている。右のように「ファイル」から「コピーを作成」を選択すれば、マメ助はもう本書を離れ、あなたの掌で踊る。マメ助をどうかかわいがってほしい。

ワークシートのQRコード

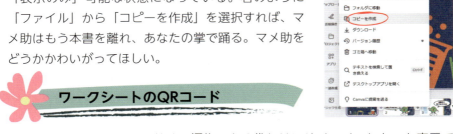

　ワークシートのQRコードは、編集できる代わりにサインインしないと表示できないものを指導計画のページに載せている。編集しないでそのまま使用する場合は、このまま本書を印刷して配布した方が早いと思うからだ。デジタルでの配布もおススメである。

活用のポイント
ICTに全振りは違う

マメ助の価値

　私が5・6年生の理科授業全単元の導入において、マメ助というキャラクターを用いてストーリー仕立てで行うようになった理由は、ICTの活用により楽をしたいという消極的な理由では決してない。

　3年生の理科の教科書と6年生の理科の教科書、それぞれ単元を1つ選択して導入場面を開いて見比べてみてほしい。3年生における導入は、生活経験や季節、3年生ならではの興味関心に密接に関係している。教科書を開いただけでワクワクし始める子が多くいるし、すぐにでも事物や現象に触れることができたり、校庭に出て観察したりすることが容易にできる。五感で楽しむ活動自体が、センス・オブ・ワンダーを刺激する導入になる。

　しかしだ。学年が上がるにつれて導入で扱う内容は、いかにも「理科」の顔をした「理科」となってくる。まるで、センス・オブ・ワンダーを自然界に置きざりにした「出がらし」のようだ。当然、学年が上がるにつれて学習内容は高度になっていく。だからこそ、私は理科としての高度な学びと、子どもが子どもの世界で感じているワクワクとの隔たりを可能な限り少なくしたいと願った。願い続けた結果、マメ助が誕生したというわけだ。レイチェル・カーソンの言う「子どもといっしょに再発見し、感動を分かち合ってくれる大人」の代わりを担ってもらっているのがマメ助だ。

　子どもたちの世界は、いつも生き生きとして新鮮で美しく、驚きと感激にみちあふれています。残念なことに、わたしたちの多くは大人になるまえに澄みきった洞察力や、美しいもの、畏敬すべきものへの直感力をにぶらせ、あるときはまったく失ってしまいます。
　妖精の力にたよらないで、生まれつきそなわっている子どもの「センス・オブ・ワンダー」をいつも新鮮にたもちつづけるためには、わたしたちが住んでいる世界のよろこび、感激、神秘などを子どもといっしょに再発見し、感動を分かち合ってくれる大人がすくなくともひとり、そばにいる必要があります。

 ## 直接体験こそ理科の本質

　その上で、どんなにマメ助が素晴らしい学びのきっかけをもたらしてくれるとしても、「直接体験」には敵わない。これはマメ助を生み出した私の揺るぎない信念であり、理科を教える教師としてのプライドだ。ICTで代用できる理科授業だとしたら、もはや教師の存在そのものもAIに代用可能になってしまっているのではないだろうか。

　改めて確認するが、直接体験とは「対象となる事物や現象に五感を使って関わる体験」のことだ。一方、「ICTを介して感覚的に関わる体験」を間接体験、「シミュレーションや模型などで模擬的に関わる体験」を模擬体験という。こうやって文字で確認しただけで、誰がどう考えても、よりよい理科授業に直接体験は不可欠だということが分かる。

　特に、ここまでその大切さを強調してきた「問題を見いだす場面」において、直接体験をいかに組み込めるかが本書の効果を最大限に生かすポイントだと言っても過言ではない。つまり、マメ助のストーリーに没入させる間接体験の中に、「本物」を絡めて、直接体験とのハイブリッドの導入を目指していくことだ。画面に化石を表示させるなら、理科室に眠って埃をかぶっている本物の化石を引っ張り出し、実際に触らせる。しおれたホウセンカを提示するなら、３時間前に根を水に浸したホウセンカも準備しておき、机の下から３分クッキングばりにおもむろに出すのだ。「こちらが３時間後のホウセンカです」と。ぜひ、間接体験と直接体験のハイブリッド型授業を目指していただきたい。

 ## 見いだした問題の意識化

　導入で使用できるワークシートには、「自分が見いだした問題」と「クラスの問題」を書く欄がそれぞれある。また、スライドの最終ページは全単元同一で、この「クラスの問題」を記入するようなページとなっている。このページを印刷し、「クラスの問題」を手書きして単元が終わるまで教室に常掲しておくことをおススメしたい。「今どんな問題を明らかにするために実験（観察・調査）しているのか」を常に意識させることができるからだ。単元の終わりには、この「クラスの問題」への答えを「結論」としてまとめればよい。

「物の燃え方と空気」
粒子領域

質的
実体的

理科の見方

編集して
使用したいとき
※Canvaへの
サインインが必要

編集せず
そのまま使用する
（サインイン不要）

指導事項

空気の変化に着目して、物の燃え方を多面的に調べる活動を通して、燃焼の仕組みについての理解を図り、実験などに関する技能を身に付けること。

主により妥当な考えをつくりだす力や主体的に問題解決しようとする態度を育成する。

今日もマメ助と勉強していきます！
さて今日のお話は、マメ助のナゾ〜キャンプを楽しみたい！の巻です。
マメ助はどんなナゾを解決しようとしているのでしょうか。はじまりはじまり〜！！

春になりました。自然が大好きなマメ助は、生き物が一気に活動を始めるこの季節が大好きです。
暖かくなるにつれて、マメ助の気持ちも高まっています。どこかに出かけようとワクワクしています。

マメ助が出かけたのはキャンプ場でした。
しかも森の中。大自然に囲まれてテントを張ります。
何が起こるか、マメ助自身も楽しんでいるようです。

30

昼が過ぎ…
あっという間に日が暮れて…

明るいうちは、昆虫採集や植物の観察をするために、キャンプ場を駆け回っていました。
楽しい時間はあっという間で、辺りは暗くなってきました。キャンプでは、やることがいっぱいあるので、マメ助はテントに戻ります。

その日の夜のこと…
森の中をいっぱい歩いて、お腹もペコペコ。
夕飯の準備に取りかかります！

まずやるべきことは……そうですね。夕飯づくりです。森の中を駆け回ったマメ助はお腹もペコペコです。

今日の夕飯のメニューは…

カレーライス！！

今日のメニューは何だと思いますか？
ジャガイモ、ニンジン、タマネギ、お肉……ときたら、そうキャンプと言えばカレーです。
大きな鍋でカレーを作って周りの人にもふるまおうとしているようですね。

まずは食材を切る

マメ助はいろいろなことに興味や関心があるので、料理も得意なのです。
手際よく、材料を包丁で切っていきます。

かまどづくり！！
川原の石をすき間なくしきつめてかまどの完成！

完ぺきだ！
準備完了！

材料を切り終わったら、火を起こさないといけません。でもその前に、ここは森の中ですから、かまど作りからですね。大小いろいろな石を川原から集めてきました。すき間がないように敷きつめて準備完了です。メラメラと炎が燃えて、マメ助も満足そうです。

かまどづくり！！
川原の石をすき間なくしきつめてかまどの完成！

サイズもぴったり！
火がもれることもない！

そして鍋をかまどに乗せてみました。
見てください。大きさもぴったりです。

鍋が熱くなったところで、油を熱し、肉と野菜を炒めます。次に水を入れて蓋をします。
少しずつ湯気が出てきました。
あとは野菜が柔らかくなるのを待って、カレー粉を入れれば完成ですね。20分間待ちました。

しかし、ここで事件です。
20分待って蓋を取ると、全く湯気が出ません。
そっと鍋を触ってみると、なんと冷たくなっています。

こんなはずはないと思いながら、マメ助は恐る恐る鍋を持ち上げてみました。
すると、火が全くありません。消えてからずいぶん時間が経っているようです。あんなにメラメラと燃えていたのに、一体何が起こったのでしょうか。

なぜ、火は消えてしまったのでしょうか。
真実はいつも……多分1つ。

　ここで一度スライドを止め、児童に予想させて、交流させるとよいでしょう。
　ここでの予想は交流するだけで、正しいかどうかの検討は避けた方が、2回目の事件のときに生きてきます。

原因が分からないので、マメ助はカレー作りを諦めてしまいました。
お腹は空いているので、カレーの代わりに持ってきたジュースをたっぷり飲んで寝ることにしました。

ジュースをたっぷり飲んだマメ助ですから、当然夜中にトイレに行きたくなりました。
しかしここは森の中。電灯はありません。トイレまでの道のりは真っ暗です。そこで、ろうそくに火を点けて、火が消えないように瓶に入れることにしました。

風が中に入ると火が消えそうなので瓶の蓋をして、持って歩き始めました。
懐中電灯のように、しっかりと周りを照らすことができました。しかし、しばらく歩くと……

事件です。
しっかりと蓋を閉めたのに、火が消えてしまいました。
幸い、目の前がトイレだったのでもらさずに済みました。帰り道が怖くてたまりません。

今日はかまどの火も消えてしまったし、瓶の中の火も消えてしまいました。なんてついていないのでしょう。
さて、なぜ火はまた消えてしまったのでしょうか。
真実はいつも……多分1つ。

実際に理科室の電気を消し、大きな瓶にろうそくの火を入れて蓋を閉め、火が消えていく様子を全員で体験した方が絶対によい。
必要に応じて、ワークシートを使いながら考えを交流する。

なぜ火が消えてしまったのか、それを理科の授業で解決するための問題を作りましょう。

単元名: _____

月　　日(　　)　6年　　組(　　　　　　　)

瓶に入れたろうそくの炎はなぜ消えてしまったのでしょう。

かまどの火が消えたときと比べて、共通することや違うことを見いだして考えましょう。

共通点

差異点

自分の考え

自分が見いだした問題

クラスの問題

予想される児童の反応

どんなことが考えられましたか？

息ができないのと同じ

蓋をしたから

空気が古くなる

煙が充満して消える

ここがポイント
粒子領域で働かせたい「理科の見方」は「質的・実体的」な見方。
見えないものを見える化することで根拠を共有できる。

問い返し 蓋をしたから

蓋をするのとしないのと何が違うのかな？

入口と出口があることかな

絵で描いて説明できる？

4年生の「空気と水」や5年生の「水溶液の性質」で絵を描いたね

入口と出口があることで何が変わるのか絵に描くと分かりやすいね

蓋をしなければずっと消えない？

う〜ん 入口と出口の場所も関係あるかも

「物の燃え方と空気」指導計画例
※教科書と関連させて計画する。

予想や仮説を立て 実験方法を考える

1 スライドと台本と「予想される児童の反応」を見て問題を設定する。

4 5 物が燃える前と物が燃えた後の空気の成分の変化について、問題を見いだす。

実験・調査によって確かめる

2 集気びんの中でろうそくを燃やし続ける方法を調べる。

3 空気の成分について調べる。

6 物が燃える前と物が燃えた後の空気の成分の変化について、実験で確かめる。

学習をまとめる

7
- 酸素には、物を燃やす働きがある。
- 窒素や二酸化炭素には、物を燃やす働きがない。
- ろうそくなどの物が燃えると、空気中の酸素が減り、二酸化炭素ができる。

生かす

8 物が燃えるときの空気の働きについて、キャンプファイヤーや焚火の薪の組み方、消火活動への応用などを説明できるようにする。

単元名:_____

月　　日(　) 6年　　組(　　　　　)

ろうそくの火が消えた集気びんの中に、もう一度ろうそくを燃やしてみよう。

予想 一度消えた集気びんの中で、ろうそくの火は…

調査 一度消えた後の集気びんをとなりのろうそくにかぶせよう。

消えた後の移動	消えるまでの秒数
1回目	
2回目	

結果 一度消えた集気びんの中で、ろうそくの火は…

考察 友達の結果も含めて考えよう。

指導事項

体のつくりと呼吸、消化、排出及び循環の働きに着目して、生命を維持する働きを多面的に調べる活動を通して、人や他の動物の体のつくりと働きについての理解を図ること。

実験、調査などに関する技能を身に付けるとともに、主により妥当な考えをつくりだす力や生命を尊重する態度、主体的に問題解決しようとする態度を育成する。

今日から新しい単元の学習です。
今日は……マメ助肉体改造〜運動不足を解消するんだの巻〜です。
どんな肉体改造を考えているのでしょうか、はじまりはじまり！

昼間は暑くても朝晩は涼しくなってきたある日のことです。
朝の涼しい時間を利用して、マメ助はお散歩を楽しんでいます。

お散歩を続けていると、ふと目の前にあるグラウンドから声が聞こえてきました。
早朝から一生懸命に練習している様子が見たくて、マメ助はワクワクしながら近付いていきました。

 早朝から練習をしていたのは、サッカーのチームでした。
マメ助は運動不足だったので、体を動かしたくてうずうずしています。カッコよくシュートを決める姿に憧れています。

 思い立ったら、すぐにやろうとするところがマメ助の素敵なところです。
その日から、朝晩の涼しい時間にサッカーの自主トレーニングを始めました。

 なかなか簡単には上達しませんが、やる気は十分です。今の自分に何が足りないか考えています。
体力不足を解消したいようですね。毎日10kmも走ることを決意しました。マメ助肉体改造計画のスタートです。

 さて、体力を高めたいマメ助ですが、体力を付けたり、長距離を走るために必要なものは何でしょう。

ここで一度スライドを止めて、児童の予想を交流するとよい。
「エネルギー」や「呼吸」というキーワードが出てこなくても取り上げ、色々な要因で体を動かしていることを共有できるとよい。

 皆さんも様々なヒントをくれましたが、マメ助は「エネルギー」と「呼吸」に注目しました。
「エネルギー」って、車にとってのガソリンのようなものですね。どうしたら「エネルギー」を得ることができるのでしょう。

マメ助は、「エネルギー」をたくさん得るためには、ご飯をいっぱい食べることが大切だと考えたようです。
いっぱい食べていますね。皆さんどうですか。体力が付きそうですか？ちょっと心配ですね。

マメ助はさらに一歩深く考えました。
せっかくたくさん食べて「エネルギー」を手に入れたのに、便として出してしまってはもったいないと言っています。なんとマメ助、トイレを2日間我慢することに決めました。

そして2日後。
さて、10km走ろうとしていますが……

事件です。
10kmどころではありません。お腹が痛くて動くのも苦しいようです。
マメ助の意志は固かったようですが、同時にマメ助のうんこも石のように硬くなってしまいました。

マメ助は残念そうですが、便器に座って、食べたものを少しずつ水に流しました。
マメ助は残念そうですが、うんこをすると、食べ物の栄養はエネルギーにならないのでしょうか。

食べ物をたくさん食べてうんこを我慢する作戦は失敗してしまいました。
次は「呼吸」です。
マメ助はどうしたらよい「呼吸」ができるのか、考えています。

そして、テレビでマラソン選手が走っている映像を研究しながら、名案を思い付きました。
疲れ果てた選手が、酸素缶を吸ったら元気を取り戻しています。マメ助はこの酸素缶を手に入れることができました。

さらに、マメ助はとっておきの考えがあるようです。
なんか嫌な予感がしますね……

やっぱり…
酸素を思い切り吸って、その酸素を逃がさないように口をふさいで走るというのです。
トイレを我慢していたことと同じような気がしますがどうでしょう。

当然事件です。
口をふさいだマメ助、当たり前ですが「呼吸」そのものができなくなってしまったので、走れなくなりました。あぁ苦しそうです。

「エネルギー」や「呼吸」はたくさんしようとしても意味がないのでしょうか。
真実はいつも……多分１つ。

「エネルギー」や「呼吸」はどのように人間の体の動きにつながっているのか、それを理科の授業で解決するための問題を作りましょう。

単元名:_____

月　　日(　) 6年　　組(　　　　　　)

「エネルギー」や「呼吸」はたくさんしようとしても意味がないのでしょうか。

たくさん食べてトイレをがまんしたときと、共通することや違うことを見いだして考えましょう。

共通点

差異点

自分の考え

自分が見いだした問題

クラスの問題

予想される児童の反応

どんなことを考えましたか？

うんこをしても栄養は残るよ

吸うのも大事だけど吐くのも大事

食べ物の中身が大切

食べ物の栄養は体の中で吸収される

ここがポイント
生命領域で働かせたい「理科の見方」は「共通性・多様性」の見方。
その見方が引き出せるように問い返しをする。

問い返し

食べたものって最後はどうなるの？

うんこになって出てくる

口に入れたものと、全然違う形で出てくるね

では、呼吸はどうですか？

鼻や口から入って鼻や口から出すけど透明だから……

目に見えないものについて考えるときは絵に描くとよかったですね
口から肛門までの食べ物の旅と、出入口が同じ空気の旅を考えてみましょう

考えたこともなかったけど体は勝手に働いてくれてるんだなあ

人間の体内を見ることはないけれど、魚の体内を見たことある人いないかなあ

「動物の体の働き」指導計画例
※教科書と関連させて計画する。

予想や仮説を立て 実験方法を考える

1. スライドと台本と「予想される児童の反応」を見て問題を設定する。

2. 唾液の働きについて解決の方法を発想し表現する。

5. 呼吸の働きについて予想し、実験方法を考える。

実験・調査によって確かめる

3.4. ご飯粒を使って実験し、消化と吸収の仕組み、消化管と消化液の働きを調べる。

6. 実験や調査を通して、肺の働きや呼吸の仕組みを捉える。

7. 脈拍数と拍動数を比べたり、調査したりして全身の血液の通り道を捉える。

8. 腎臓の働きを調べるとともに、メダカやウサギの血管や血液の流れを観察する。

学習をまとめる

9.
- 人は、空気を吸ったり吐いたりするとき、酸素の一部を取り入れて、二酸化炭素を出している。
- 人は、肺で酸素を取り入れて、二酸化炭素を出している。酸素は、肺の血管から血液中に取り入れられ、二酸化炭素は、吐く空気の中に出される。
- 肺で血液中に取り入れられた酸素は、血液によって心臓に送られ、全身に運ばれる。また、血液中の二酸化炭素も、血液によって心臓に送られ、肺に運ばれる。
- 食べ物は、消化管の中を運ばれながら、消化されて体に吸収されやすい養分になる。養分は小腸で吸収され、肝臓に蓄えられる。

生かす

10. 共通性・多様性の見方を働かせ、他の動物の消化管のつくりの人との差異点や共通点を調べ、まとめる。

単元名: _____

月　　日(　　)　6年　　組(　　　　　　　　　)

吸う空気と吐く空気の違いを実験で確かめよう。

予想

調査 自分が調べたい条件について、表に整理しよう。

空気	酸素	二酸化炭素	石灰水
吸う空気	%	%	
吐く空気	%	%	

結果

考察 友達の結果も含めて考えよう。

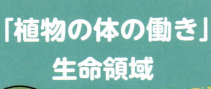

「植物の体の働き」
生命領域

共通性
多様性

理科の見方

編集して
使用したいとき
※Canvaへの
サインインが必要

編集せず
そのまま使用する
（サインイン不要）

指導事項

植物の体のつくりと体内の水などの行方や葉で養分を作る働きに着目して、生命を維持する働きを多面的に調べる活動を通して、植物の体のつくりと働きについての理解を図る。
実験などに関する技能を身に付けるとともに、主により妥当な考えをつくりだす力や生命を尊重する態度、主体的に問題解決しようとする態度を育成する。

今日から新しい単元の学習です。
今日は……マメ助の夏〜グリーンカーテンを作るんだの巻〜です。マメ助は無事にグリーンカーテンを作ることができるのでしょうか、はじまりはじまり！

夏のある日のことです。
昆虫採集が大好きで、毎日のように自然の中を駆け回っていたマメ助ですが、さすがにこの日の暑さにはまいっています。

でも、マメ助には考えがあるようです。
何か、暑さをしのぐお気に入りの場所があると言っています。
熱中症になったら大変ですからね、いい考えです。

うわぁ、マメ助が気持ちよさそうです！
ミストシャワーが出るようになっている場所があるのですね。

ミストシャワーを浴びて、体温を少し下げることに成功したのでしょうか。満足そうなマメ助です。
木陰のベンチに移動するようです。

天然の日傘を味わいながら、マメ助は何かよいことを思いついたようですね。一体何を考えているのでしょうか。

家に帰ったマメ助は、家の窓の外に植物を育てて、グリーンカーテンを作ろうとしています。素敵ですね。プランターに苗を植え、窓の高さまでネットを張りました。あとは無事に育てばグリーンカーテンの完成です。

3週間後
グリーンカーテンはできているでしょうか。

おお〜すごい！！
グリーンカーテンの完成です。
マメ助は、家の中で冷房を点けなくても、窓を開けて涼しくて気持ちよさそうです。木陰で考えた通りになりましたね！

さらに1週間が経ちました。
よく晴れていて、グリーンカーテンもたくさん日光を浴びているようですね。

しかし事件です！
少し見ない間に、あれほどびっしり埋まっていたグリーンカーテンが、すき間だらけのスカスカになっています。これでは部屋に日光が入ってきて、カーテンの役目を果たせません。

なんでこんなにスカスカになってしまったのでしょう。近付いて見てみるとどうやらあまりの暑さで、葉っぱがしおれているようです。マメ助は葉っぱが死んでしまったのかと心配していますが、皆さんはどう思いますか？

ここで一度スライドを止め、一人一人に考えをもたせて交流するようにする。
死んでしまったということは、その葉っぱは元気を取り戻さないということになる。
まだ死んだわけではないと考えている児童には、どうしたらよいかを聞くとよい。

ショックを受けたマメ助は考えた。
いろいろ考えた。
うんと考えた。
それから、とつぜん、マメ助はさけんだ。
（「スイミー」のように読む）

「ミストだ！」
マメ助は、自分が熱中症になりそうだったあの日のことを思い出したのですね。
自分と同じように、葉っぱにもミストを浴びさせれば元気になると考えたのです。

そこでマメ助は、霧吹きを使って毎日水を葉っぱに向けて噴射しました。
たまに自分にもかけて、気持ちいいことを確かめています。うまくいく気がしていますね。

毎日欠かさず霧吹きで水を浴びせて3日後。

事件です！！
全然元気になりません。
世話を続けているマメ助もガッカリです。

マメ助はミストシャワーのおかげで元気になったのに、葉っぱが元気にならなかったのは、やはり死んでしまったのでしょうか。

毎日よく晴れていて、日光はしっかり当たっています。どうしたら再び元気になるのでしょう。
真実はいつも……多分1つ。

しおれた葉っぱを元気にするためにはどうしたらよいのでしょう。それを理科の授業で解決するための問題を作りましょう。

単元名: _____

月　　日(　) 6年　　組(　　　　　)

毎日よく晴れていてミストをかけてもダメでした。どうしたら元気になるのでしょう。

自分の考え

友達の考えを聞いて考えたことを書きましょう。

自分が見いだした問題

クラスの問題

予想される児童の反応

どんなことが考えられましたか？

涼しいときに水やりをするって教わったよ

一度しおれたら元気にならない

葉じゃなくて土に水をやるんじゃないかな

水が足りないのかな

ここがポイント
生命領域で働かせたい「理科の見方」は「共通性・多様性」の見方。
その見方が引き出せるように問い返しをする。

問い返し

今までに育てたことのある植物のことを思い出して考えましょう

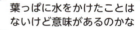
葉っぱに水をかけたことはないけど意味があるのかな

確かにそうだ！アサガオもペットボトルの水を土に差して育てていたね

葉に水をかけるのと、土に水をやるのとそれほど変わらないと思うけど、どう違うのかな？

葉にあてても根や茎には水が行きわたらない

ミストは気持ちいいけど喉は乾いたままだよね

「植物の体の働き」指導計画例
※教科書と関連させて計画する。

予想や仮説を立て 実験方法を考える

1. スライドと台本と「予想される児童の反応」を見て問題を設定する。

4. 植物の成長に日光が必要な理由を考え、それを確かめる方法を発想する。

実験・調査によって確かめる

2. 着色した水に植物を入れ、植物の体の水の通り道を調べる。

3. 葉まで運ばれた水が葉や茎から出ているのか調べる。

5. 葉に日光が当たるとでんぷんができるかどうか調べる。

学習をまとめる

6.
- 植物の葉に日光が当たるとでんぷんができる。
- 根、茎及び葉には、水の通り道があり、根から吸い上げられた水は主に葉から蒸散により排出される。

生かす

7. 共通性・多様性の見方を働かせ、いろいろな植物の葉にでんぷんがあるか調べたり、葉脈標本を作ったりする。

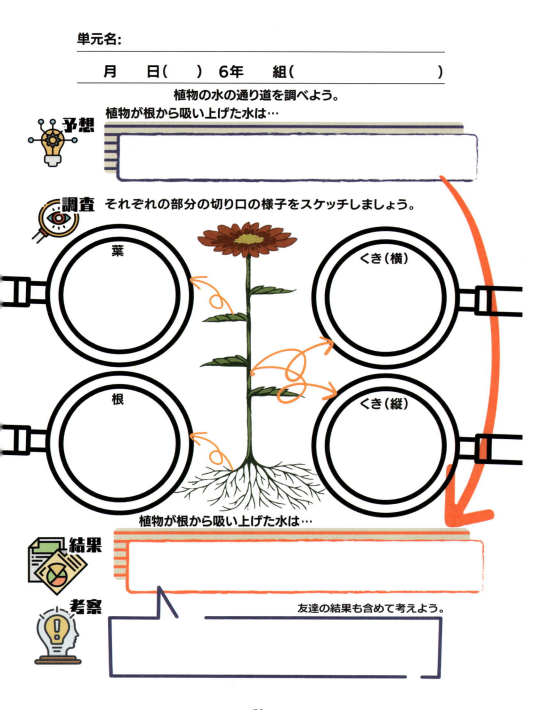

編集せず
そのまま使用する
（サインイン不要）

編集して
使用したいとき
※Canvaへの
サインインが必要

指導事項

生き物と水、空気及び食べ物との関わりに着目して、それらを多面的に調べる活動を通して、生き物と環境との関わりについて理解を図る。

観察、実験、調査などに関する技能を身に付けるとともに、主により妥当な考えをつくりだす力や生命を尊重する態度、主体的に問題解決しようとする態度を育成する。

今日から新しい単元の学習です。
今日は……マメ助の苦悩〜無農薬栽培に挑戦の巻〜です。いよいよ農業にまで挑戦しようとしています。どんなことに苦悩するのでしょうか、はじまりはじまり！

マメ助は生き物や自然を取り上げたテレビ番組が大好きです。この日は鹿児島県奄美大島の自然について、感動しながらテレビにくぎ付けです。

奄美大島に住む人々は、かつて猛毒をもつハブという蛇に悩まされていました。
皆さんならどうしますか？

そこで、ハブを食べるというマングースという小動物を海外からこの島に30頭持ち込みました。こんなにかわいいのに、猛毒のハブをやっつけてくれるので、島民も大喜びです。しかし、このマングース、よいことばかりではありませんでした。

農作物を荒らしてしまうだけでなく、アマミノクロウサギという世界で奄美大島にしか生息しない貴重なウサギをも食べてしまうことが分かったのです。
今度は固有種であるアマミノクロウサギが絶滅しそうで大変です。

そこで奄美大島では、マングースバスターズというチームを結成して、本格的にマングースを駆除することにしました。30頭しかいなかったマングースも、2000年には1万頭にもなりましたが、バスターズの駆除により2019年以降は1頭も見なくなりました。

番組を見終わったマメ助は、カンカンに怒っています。人間の都合で海外から連れてきたのに、増えて困ったからと言って今度は駆除するなんてマメ助は許せなかったのです。SDGs目標15をマメ助は大事にしているので、怒るのも当然です。

そこでマメ助は、自分の食べ物はなるべく自分で作るようにしようと考え、米作りを始めました。
SDGsも意識して、農薬を使わないで育てようと意気込んでいます。

毎日せっせと世話をして、稲も順調に育ってきました。

しかし、事件です。
田んぼをよく見るとあちらこちらにクモの巣があるではないですか。

もちろんクモの巣だけではありません。
あっちにもこっちにもクモがいます。大切に育ててきたマメ助は、泣き出してしまいました。

家に戻って調べたところ、実はクモは稲を育てるうえで特に害はないと分かりました。
でもマメ助は嫌そうです。食べ物を育てている以上、クモやクモの巣は無視できないようです。

するといいアイテムを見付けました。ハッカオイルです。ハッカソウというミントを乾燥させて抽出した植物油のことです。紅茶やアイスなど食用にも使われる安全なオイルです。このオイルの匂いが、カやクモは嫌いだということです。

これがあれば、農薬を使ったりクモを殺したりもしないで、稲を守ることができるのですね。

数日経つと、本当にクモがいなくなりました。
マメ助は大喜びです。

しかし、またまた事件です。
クモがいなくなったと思ったら、今度は小さなバッタが大量発生しているではないですか！

一体どんな虫なのか調べてみたら、「ヒメギス」ということが分かりました。
知っている人はいますか？

しかもこのヒメギス、稲の葉を食べているではないですか！！
これは、クモよりもよっぽど厄介です。

しかも繁殖力も高く、あっという間にどんどん増えていきます。
なんとハッカオイルも効き目がありません。
マメ助が苦悩しています。

もうこれは農薬を使うしかないのでしょうか。
真実はいつも…多分1つ。

どうしてこんなことになってしまったのでしょう。
それを理科の授業で解決するための問題を作りましょう。

単元名:＿＿＿＿＿＿＿＿＿＿＿＿＿＿＿＿＿＿

月　　日(　) 6年　　組(　　　　　　)

ヒメギスが急に増えていったのはどうしてでしょう。

マングースの話と比べて、共通することや違うことを見いだして考えましょう。

共通点

差異点

自分の考え

 自分が見いだした問題

 クラスの問題

予想される児童の反応

どんなことが考えられましたか？

農薬がないと虫が来るのは当たり前

合鴨農法を知ってるよ

ヒメギスはここが快適なんだね

一度にたくさん卵を産むのかな

ここがポイント
生命領域で働かせたい「理科の見方」は「共通性・多様性」な見方。
その見方が引き出せるように問い返しをする。

問い返し

生き物はどういうときに増えていくんだろう

動植物にとって過ごしやすい環境ってどういうこと？

過ごしやすい環境かな

食べる物や栄養が十分にとれて過ごしやすい気候

安心で安全な場所 天敵がいないってことなんじゃないかな

今まで全然いなかったヒメギスが、突然一気に増えていったのは何かが変わったということでは？

マングースの反対か！ヒメギスの天敵はクモだったんじゃない？クモがいなくなってヒメギスが生活できるようになったってこと？

「生き物同士の関わり」指導計画例
※教科書と関連させて計画する。

予想や仮説を立て 実験方法を考える

1 スライドと台本と「予想される児童の反応」を見て問題を設定する。

4 植物が酸素を出しているか予想し、それを確かめる方法を考え、実験の準備をする。

実験・調査によって確かめる

2 水の中の小さな生き物やダンゴムシが落ち葉を食べる様子を観察する。

3 食べ物を通した生き物の関わりについて、調べて分かったことをまとめる。

5 実験結果と動物の呼吸についての既習の内容をつなげて捉える。

学習をまとめる

6
- 植物を食べる動物、また、その動物を食べる動物がいて、生物は「食べる・食べられる」という関係でつながっている。
- 植物も動物と同じように、呼吸で酸素を取り入れ、二酸化炭素を出す。日光が当たると、二酸化炭素を取り入れて、酸素を出す。

生かす

7 外来種が自然環境に影響を及ぼしている例や、食物連鎖が崩れる例などを図に表して、説明する。

単元名:＿＿＿＿＿＿＿＿＿＿＿＿＿＿＿＿＿＿＿＿＿＿

月　　日(　)　6年　　組(　　　　　　　)

調査　食べ物を通した生き物の関わりをまとめよう。

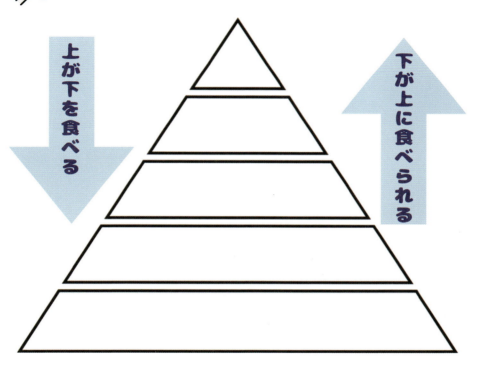

考察　　　　　　　　　　　　　友達の調査も含めて考えよう。

「月の形と太陽」地球領域

時間的・空間的

理科の見方

編集せずそのまま使用する（サインイン不要）

編集して使用したいとき
※Canvaへのサインインが必要

指導事項

月と太陽の位置に着目して、これらの位置関係を多面的に調べる活動を通して、月の形の見え方と月と太陽の位置関係について理解を図る。
観察、実験などに関する技能を身に付けるとともに、主により妥当な考えをつくりだす力や主体的に問題解決しようとする態度を育成する。

今日から新しい単元の学習です。
今日は……マメ助大パニック～お月見がしたい！の巻～です。お月見するのにどんな風に大パニックを起こすのか、はじまりはじまり！

ある夏休みのことです。マメ助はたくさんの本を読んで、自然や宇宙のことについて理解を深めています。その中でも、特に気に入ったお話を読み聞かせてくれるようですよ。なぜお月様にウサギがいるのかというお話です。聞いてみましょう。

昔々、ある山の奥に疲れ果てた一人の老人が、体を起こすこともできずにぐったりしていました。

そこに通りがかったのが、サルとキツネとウサギの3匹です。3匹はこの老人のことをたいそう心配しています。

何とかこの老人を助けたいと思った3匹は、食料を探しました。
サルは山の中で木の実を見付けました。キツネは川で魚を捕まえてきました。ところが、ウサギだけは一生懸命探しても何も手に入れることができません。

そこでウサギは、何を思ったかサルとキツネに火を起こしてもらうように頼みました。

するとなんということでしょう。
ウサギは火の中に飛び込みました。
ウサギは自分の体を焼いて、老人に食べてもらうために差し出すことにしたのです。

実はこの老人はただの老人ではありませんでした。
なんと、帝釈天という神様だったのです。
帝釈天は、自分が犠牲になっても助けようとするウサギの姿に心を打たれて、このウサギを永遠に残すように月に昇らせたということです。

夏休みが終わると、マメ助の家にインドの親せきであるラージマーメちゃんが訪ねてきました。
マメ助の家で2週間ホームステイします。
さっそくマメ助は、この本を読み聞かせてあげました。

しかし、事件です。
ラージマーメちゃんによると、なんとインドの月にはウサギではなくワニがいるというのです。

日本人とインド人は別の月を見ているのでしょうか。
宇宙に月は何個あるのでしょうか。
真実はいつも……多分１つ。
皆さんはどう思いますか？

ここで、なぜインド人は月の中に「ワニ」がいると主張しているのかについて考えを交流する。必要に応じて、他の国ではもっと様々なものを描いていることを伝えることもよい。
月がたくさんあると考える児童は少ないが、国によって別の月面を見ていると考える児童は多いので、ミスリードしている。

そこで二人は、満月の夜に一緒に月を観察して確かめることにしました。
月見団子も手作りしようと盛り上がっています。

マメ助は、去年の日記を開いて、いつが満月だったのか確かめました。
すると９月18日の満月の夜にお月見したことが分かりました。だからラージマーメちゃんと一緒に、９月18日を楽しみに待つことにしました。

お月見をする９月18日まで毎日カウントダウンをしながらワクワクをふくらませていきました。

しかし事件です。
なんと満月ではありませんでした。
せっかく二人で楽しみにしていたので、見上げた夜空にあったのはクロワッサン型の三日月です。

これでは、ウサギかワニかどころの話ではありません。マメ助もラージマーメちゃんも大パニックです。

やっぱり月はいくつもあるのでしょうか。
真実はいつも……多分1つ。

マメ助やラージマーメちゃんが見たかった満月はどうしたら見ることができるのでしょうか。

いろいろな種類の月があることについて、理科の授業を通して解決できそうな問題を作りましょう。

単元名: _____

月　　日(　) 6年　　組(　　　　　　)

色々な形の月があるのはどうしてでしょう。

ワニやウサギという国があるという話と、共通することや違うことを見いだして考えましょう。

共通点

差異点

自分の考え

自分が見いだした問題

クラスの問題

予想される児童の反応

どんなことが考えられましたか？

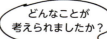

- 月は国によって形が違う
- 同じ月でも見え方が違う
- 国によって月の見る面が違う
- 他の星が重なって形が違く見える

ここがポイント
地球領域で働かせたい「理科の見方」は「時間的・空間的」な見方。
その見方が引き出せるように問い返しをする。

問い返し

 月は宇宙にいくつある？

 1つです！

では、毎日太ったりやせたり形が変わるということ？

同じ月だけど他の星が間に入っていると邪魔になってその部分が欠けるんじゃないかな

月のカレンダーを見たことがあるけどいつどんな月が出るか決まってるんだよね

他の星が間に入るとその星が見えるから分かりませんか？
誰か、地球と月と間に入る星になり切って動いてくれますか？

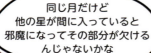

月という身近な題材だからこそ、児童が「分かっているつもり」でいることが、いかに曖昧で誤った理解をしているかについて、自覚させることが大切。

「月の形と太陽」指導計画例

※教科書と関連させて計画する。

予想や仮説を立て　実験方法を考える

1 スライドと台本と「予想される児童の反応」を見て問題を設定する。

2 月の形の変化について、調べる方法を考える。

4 月の形が日によって変わる理由を説明するためのモデル実験の方法を考える。

実験・調査によって確かめる

3 日没直後の月の形と位置を調べて、記録する。数日空けて繰り返す。

5 月の形が変わって見える理由を、モデル実験で確かめる。

学習をまとめる

6
・月の輝いている側に太陽がある。
・月の形が日によって変わって見えるのは、月と太陽の位置関係が変わることによる。

生かす

7 地球、太陽、月のそれぞれの大きさや特徴や距離などを調べ、校庭などで距離感を再現する。

単元名: _____

月　　日(　) 6年　組(　　　　)

調査　月の見え方の変化をまとめよう。

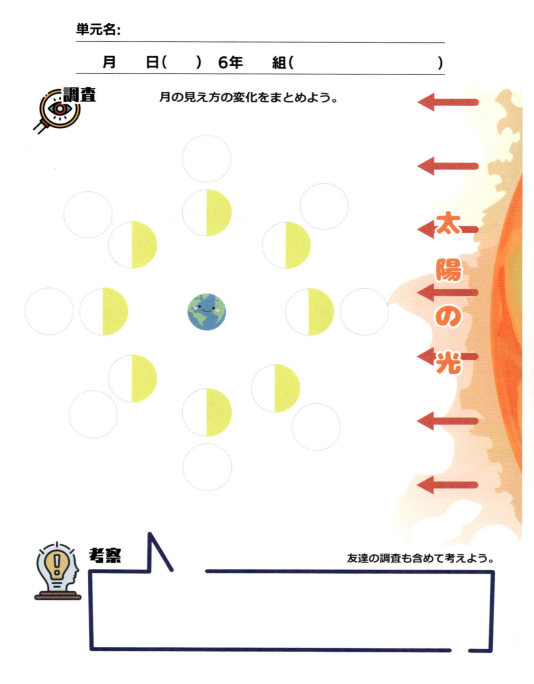

考察　友達の調査も含めて考えよう。

指導事項

土地やその中に含まれている物に着目して、土地のつくりやでき方を多面的に調べる活動を通して、土地のつくりや変化についての理解を図る。

観察、実験、調査などに関する技能を身に付けるとともに、主により妥当な考えをつくりだす力や主体的に問題解決しようとする態度を育成する。

今日から新しい単元の学習です。
今日は……マメ助に教えて！！〜お宝ゲットしたよの巻〜です。マメ助はどんなお宝をゲットしたのでしょうか、はじまりはじまり！

葉っぱも色づき始めたある日のこと。
プレゼントをくれるというので、マメ助は知り合いの博士のもとを訪れました。

プレゼントは……なんと本物の化石だというのです。

マメ助は大喜びです。
でも冷静に考えてみました。
化石っていったい何なのでしょう。
皆さんは化石について何か知っていますか。

ここで一度スライドを止めて、化石について知っていることを交流する。
見たこと、触ったことのある化石についての経験を話させるとよい。

博士が用意してくれたのは、２つの化石です。
１つ目はこれ。どこが化石かわかりますか？
そうこの部分です。これは葉っぱですね。葉っぱも化石になるのですよ。

もう１つは、貝の化石です。
ホタテ貝のように見えますね。
きちんとでこぼこしているのが分かります。

日本中のほとんどの理科室や理科準備室に、化石が眠っていることと思う。
できればそれぞれの理科室にある実物の写真を撮って、このスライドに組み込んでいきたい。そうすれば、実際の化石を触らせながら、年月の経過や、不思議さを実感させることにつながる。

大喜びのマメ助ですが、さすがはマメ助です。
もらっただけでは満足できず、自分でも採りたいと博士に頼んでいます。

それぞれの化石がどこで採れたのか、博士がまずはヒントをくれました。
関東地方で採れたそうです

では、皆さんも予想してみましょう。
関東地方のどの辺りで採れたか想像して、地図に印を付けましょう。
※予想やその根拠を交流する。

博士が答えを教えてくれました。
葉っぱの化石が採れたのは、栃木県の那須塩原だそうです。

ここでマメ助は疑問に思いました。
化石って山の中に落ちているのでしょうか。
皆さんどうですか？

博士が化石の発掘の仕方について教えてくれました。
マメ助は早くやってみたくてたまりません。

自然豊かな那須塩原ですから、この葉っぱの化石が埋まっているのも納得ですね。

では、貝の化石はどこで採れたと思いますか？皆さんも予想してみましょう。
関東地方のどの辺りで採れたか想像して、地図に印を付けましょう。
※予想やその根拠を交流する。

マメ助は簡単だと言っています。このような海辺の岩場を想像しています。
確かに、化石が出てきそうな岩ですね。

しかし事件です。
なんと、貝の化石も葉っぱの化石と同じ、那須塩原で採れたというのです。

マメ助は信じられません。
だって、地図を見ればわかるように、那須塩原は海に面していないどころか、海からかなり離れているのです。

なぜ貝の化石が、海のないところで採れるのでしょうか。
真実はいつも……多分１つ。

化石の採れる場所や化石のでき方に着目して、理科の授業で解決できそうな問題を作りましょう。

単元名:

　　　月　　日(　) 6年　　組(　　　　　　　)

海に生息するはずの貝の化石が、海から離れた場所で採れるのはどうしてでしょう。

葉と貝の化石を比べて、共通することや違うことを見いだして考えましょう。

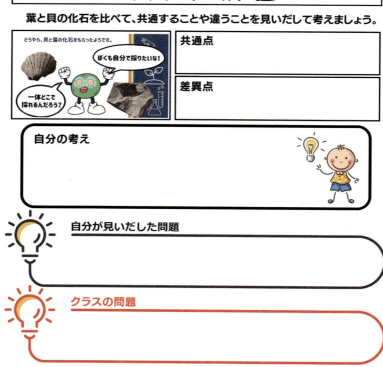

共通点

差異点

自分の考え

自分が見いだした問題

クラスの問題

予想される児童の反応

どんなことが考えられましたか？

貝も大昔は山で生きていたのかな

貝を食べた動物が殻を山に持ち込んだんじゃない？

貝塚って社会で勉強したね

昔はこの辺りも海だった？

ここがポイント
地球領域で働かせたい「理科の見方」は「時間的・空間的」な見方。
その見方が引き出せるように問い返しをする。

問い返し

化石ができるのにどのくらいの時間がかかると思う？

500年　1000年　2000年

少なくとも1万年は経っています

え〜!!

う〜ん……1万年前なんて想像もできないなぁ

1万年の間にいろいろなことが起こったでしょうね
化石が採れた所は地面じゃなくて崖になっているの

なんだこのしましま模様は！

一体どうしたらこの模様になるんだろう

75

「大地のつくり」指導計画例
※教科書と関連させて計画する。

予想や仮説を立て 実験方法を考える

1 スライドと台本と「予想される児童の反応」を見て問題を設定する。

4 地層のでき方についての問題を見いだし、モデル実験の方法を考える。

実験・調査によって確かめる

2 3 地域にある崖の様子を観察するか、ボーリング資料などから、地層について理解する。

5 6 7 水の働きによる地層のでき方や特徴について捉え、化石について理解する。

8 9 火山の働きによる地層のでき方を調べ、捉える。

学習をまとめる

10
- 土地が縞模様になって見えるのは、れきや砂、どろなどが流れる水の働きによって積み重なってできるからであり、地層という。
- 地層には、火山灰が積もってできたものもある。

生かす

11 12 土地は、火山の噴火や地震によって変化してきたことを理解するとともに、防災について調べたことを伝え合い、生活に生かす。

単元名: _____

月　　日(　　)　6年　　組(　　　　　　　)

水の働きでできた岩石や火山灰を観察しよう。

調査 実際の岩石を細かくくだき、
火山灰とともにセロテープでとめ、特ちょうをまとめましょう。

岩石の種類 実物	特ちょう
れき岩	
砂岩	
でい岩	
火山灰	

考察　友達の調査も含めて考えよう。

編集して
使用したいとき
※Canvaへの
サインインが必要

編集せず
そのまま使用する
（サインイン不要）

指導事項

加える力の位置や大きさに着目して、これらの条件とてこの働きとの関係を多面的に調べる活動を通して、てこの規則性についての理解を図る。
実験などに関する技能を身に付けるとともに、主により妥当な考えをつくりだす力や主体的に問題解決しようとする態度を育成する。

今日から新しい単元の学習です。
今日は……楽しみたいマメ助～庭で遊びたい！の巻～です。マメ助はどんな遊びを考えているのでしょうか、はじまりはじまり！

ある日のことです。
今日は弟のマメ太と公園で遊ぼうとしているようです。

久しぶりに一緒に遊ぶ二人は、公園で植物を探していました。すると懐かしいものを見付けました。
シーソーです。

さっそくマメ太が乗りました。

次にお兄ちゃんのマメ助も乗ります。

無事に成功。
二人はシーソー遊びを思い切り楽しみました。

すると、よほど楽しそうに見えたのでしょう。
気付くと、シーソー待ちの行列ができていました。

こんなに並んでいるなら、早く変わってあげないといけません。
もっとやりたそうなマメ太に対して、マメ助は「僕に任せて！」と頼もしいことを言っています。
一体何を考えているのでしょうか。

マメ助は、家でシーソー遊びをしようとマメ太を励ましています。
家でシーソーなんてできるのでしょうか。

マメ助は、庭に大きな岩を見付けました。
「この頑丈な岩ならシーソーを支えられそうだ」と期待を込めて準備します。

この大きな岩に、細長い木の板を乗せれば、あっという間にシーソーの完成です。

マメ太が先に乗りました。
しっかりと乗れたようです。
お兄ちゃんも乗るように呼びかけています。

マメ助はワクワクが止まりません。
マメ助が乗る位置が高いので、踏み台を用意しました。ここに飛び乗ればマメ助が吹っ飛ぶぞと、少し悪いことを企んでいますね。

さて、マメ太に注意を呼びかけてから
マメ助がシーソーに飛び乗ります。
3・2・1・ジャンプ

事件です！！
シーソーが全く動きません。

全く動かないシーソーに、マメ太も全然面白くないと不満を漏らして、シーソーから降りてしまいました。

マメ助は不思議でたまりません。
なぜなら、弟のマメ太に比べて、マメ助の体重は2倍ほどあったはずだからです。
急激にマメ太が太ったのでしょうか。そうも見えないのですが。

どうしてシーソーは動かなかったのでしょうか。
真実はいつも……多分1つ。

では、校庭に出て鉄棒を使い、マメ助とマメ太の代わりに重い物と軽い物をぶら下げて、考えてみましょう。

実際に棒の手ごたえを比べて思ったことや考えたことを基にして、理科の授業で解決できそうな問題を作りましょう。

単元名:＿＿＿＿＿＿＿＿＿＿＿＿＿＿＿＿＿

月　　日（　）　6年　　組（　　　　　　　）

マメ助が作ったシーソーが全く動かないのはどうしてでしょう。

鉄棒と棒を使って手ごたえを確かめて気付いたことを書きましょう。

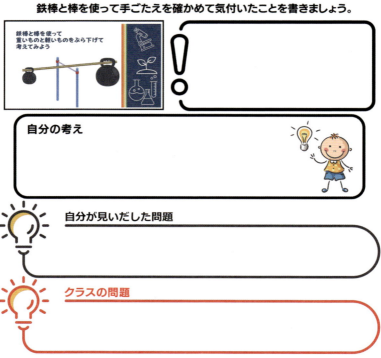

自分の考え

自分が見いだした問題

クラスの問題

予想される児童の反応

「なぜだと思いますか？」

「乗る位置が悪いんじゃないかな」

「4人乗りのシーソーを2人でやったとき前か後ろかで重さが違ったような……」

「シーソーの乗る位置によって自分の重さが変わるってこと？そんなことあるかな　確かめてみましょう」

直接体験

ここがポイント
シーソーの経験はあっても、支点を変えて手ごたえを比べた経験のある児童は多くないため、全員で共通の直接体験をすることで、問題設定に生かせるようにする。

「すごい！重さが全然違うのに釣り合う場所がある！！」

「反対側を手で持ち上げようとするとすごい軽いときと重いときがある」

「普通に持つより逆に重くなることもあるなんてビックリ！！」

では整理しましょう
①棒の左右の長さを同じにしないと手ごたえは変わる
②棒のどの位置におもりを置くかで手ごたえが変わる

「てこの働き」指導計画例
※教科書と関連させて計画する。

予想や仮説を立て　実験方法を考える

1 スライドと台本と「予想される児童の反応」を見て問題を設定する。

2 できるだけ小さい力で重いものを持ち上げるにはどうしたらよいか予想し、実験方法を考える。

4 実験用てこを用いててこが水平に釣り合うときのきまりを調べる方法を考える。

実験・調査によって確かめる

3 実験結果を受けて、小さい力で重いものを持ち上げられるのはどのようなときか捉える。

5 てこが水平に釣り合うときにはどのようなきまりがあるのか調べる。

6 実験結果を基に、てこが水平に釣り合うときのきまりについて考え、まとめる。

学習をまとめる

7
- 力を加える位置や力の大きさを変えると、てこを傾ける働きが変わり、てこが釣り合うときにはそれらの間に規則性がある。
- 身の回りには、てこの規則性を利用した道具がある。

生かす

8 身の回りにあるてこの規則性を利用した道具について、その機能と構造を説明する。

単元名: _____

月　　日(　)　6年　　組(　　　　)

てこが水平に釣り合うきまりを見つけよう。

予想 てこが水平に釣り合うのは…

調査 右のうでにつり下げるおもりの数を変えて調べましょう。

| 左のうで || 右のうで || かたむき |
重さ	位置	重さ	位置	
20	3	10	3	
		20		
		30		
		40		
		50		
		60		

結果 てこが水平に釣り合うのは…

考察 友達の調査も含めて考えよう。

編集して
使用したいとき
※Canvaへの
サインインが必要

編集せず
そのまま使用する
（サインイン不要）

指導事項

電気の量や働きに着目して、それらを多面的に調べる活動を通して、発電や蓄電、電気の変換についての理解を図る。

実験などに関する技能を身に付けるとともに、主により妥当な考えをつくりだす力や主体的に問題解決しようとする態度を育成する。

今日から新しい単元の学習です。
今日は……マメ助の挑戦〜空を飛びたい！の巻〜です。
マメ助はついに空を飛ぶのでしょうか、はじまりはじまり！

雨で外に出られない日が続きました。
マメ助はアニメに夢中になっています。
アニメを見ながら突然大きな声で叫びました。

「空を飛ぶぞ！」
そう決意したのです。

「魔女の宅急便」のように、ほうきを挟んで空を飛ぼうと思っているようです。誰もが憧れますね。
ちょうどよい大きさの竹ぼうきを見付けました。

マメ助は家の屋根から飛ぼうとしています。
3・2・1・ジャンプ……

事件です。いや、当然ですね。
全く飛べずに落ちてしまいました。
よい子は絶対に真似をしてはいけません。

痛がるマメ助ですが、まだ諦めていないようです。家に戻って研究しようとしています。

何かヒントが隠されているはずだと繰り返しアニメを見ています。
そしてある場面で気付きました。

「やるならこっちじゃん」
マメ助は竹ぼうきで飛ぶよりも、プロペラ付き自転車で飛ぶことが現実的だと思ったようです。

そこでマメ助は、自転車と扇風機を用意しました。
工具を取り出して……マメ助は工作も得意なのです。

そして1週間が経過して
ついにプロペラ付き自転車が完成しました！

できあがったプロペラ付き自転車に乗って、普通の道を漕いでみました。
すると少しだけ浮き上がるではないですか！
マメ助は手ごたえを感じました。

しかしまだ課題は残されています。
ぴょこっと飛び跳ねたくらいでは、空を飛ぶことにはならないからです。
「飛べないマメはただのマメ」そんな名言を言ってカッコつけていますが、大丈夫でしょうか。

そして考えた末に導き出した結論は…筋トレです。
漕ぐ力が強くなれば、空も飛べるはずと思ったのです。

筋トレを始めてから1週間。
太ももの筋肉がバッキバキにたくましくなりました。
なんだか期待できそうです。

知り合いの筋肉博士のらいざさんからも「筋肉は裏切らない」とお墨付きをもらって、気合十分です。湖の向こう岸を目指します。

おお〜すごい！！
いい感じで空に向かって漕ぎだしました。

しかし事件です。
あと少しのところで、マメ助は力尽きてしまい漕ぐ力が弱くなり、湖に落下しました。

素早くペダルを漕げば、プロペラが早く回ることは分かりました。
でも、それだと体力がなくなったとたんに落ちてしまいます。

マメ助が作ったプロペラ付き自転車が、長い時間空を飛ぶことはできるのでしょうか。
真実はいつも……多分1つ。

理科の授業で解決できそうな問題を作りましょう。

単元名: _____

月　　日(　) 6年　　組(　　　　　　)

マメ助が作ったプロペラ付き自転車が、長い時間空を飛ぶことはできるのでしょうか。

身の回りにある、長く動き続けるものと比べて考えてみましょう。

"身の回りのアイテム"

共通点

差異点

自分の考え

自分が見いだした問題

クラスの問題

予想される児童の反応

「身の回りの長く動き続けるアイテムは？」

- 自動車
- 扇風機
- 冷蔵庫
- 洗濯機
- タブレット
- テレビ
- ガスコンロ
- エスカレーター

ここがポイント
エネルギー領域で働かせたい「理科の見方」は「量的・関係的」な見方。
その見方が引き出せるように問い返しをする。

問い返し

「たくさんありますね
それぞれなぜ長く動き続けることができるのでしょう
共通するものもあるかな？」

「扇風機や冷蔵庫や洗濯機はコンセントでつながっている」

「自動車はガソリンかな」

「ガスコンロはガスが燃料だしタブレットは充電できるね」

「コンセントでつながっていたら空は飛べませんね
つながなくても動くのは、自動車やタブレットかな
何かヒントにならないかな」

「ガソリンは燃料だしタブレットも電気を燃料にしてためてるんだもんね」

「漕ぐエネルギーを燃料みたいにためることはできないかな？」

「電気の利用」指導計画例
※教科書と関連させて計画する。

予想や仮説を立て 実験方法を考える

1 スライドと台本と「予想される児童の反応」を見て問題を設定する。

6 電気を効率的に使うための工夫について考える。

7 電気を利用したものをつくる計画を立てる。

実験・調査によって確かめる

2 手回し発電機で作った電気を利用したり、光電池の光の当て方を変えて発電の様子を比べたりする。

3 4 コンデンサーに蓄電できることを理解し、ためた電気を光、音、熱、運動などに変えることを捉える。

5 実験により、豆電球と発光ダイオードの使う電気の量の違いを捉える。

学習をまとめる

8
- 手回し発電機と光電池で作った電気やコンデンサーにためた電気は、乾電池の電気と同じ働きをする。
- 手回し発電機のハンドルを速く回したり、光電池に光を強く当てたりすると、電流の大きさが変わる。
- 電気は光、音、熱、運動に変わる性質がある。
- 豆電球よりも発光ダイオードの方が、使う電気の量は少ない。

生かす

9 10 電気を効率よく使うためのプログラミングをしたり、電気を利用したものづくりの活動に取り組む。

単元名:

月　　日(　　)　6年　　組(　　　　　　　　　)

ためた電気の使い道を考えよう。

予想 コンデンサーにためた電気は…

調査 電気をためたコンデンサーをつなぎ、動作を確認しましょう。

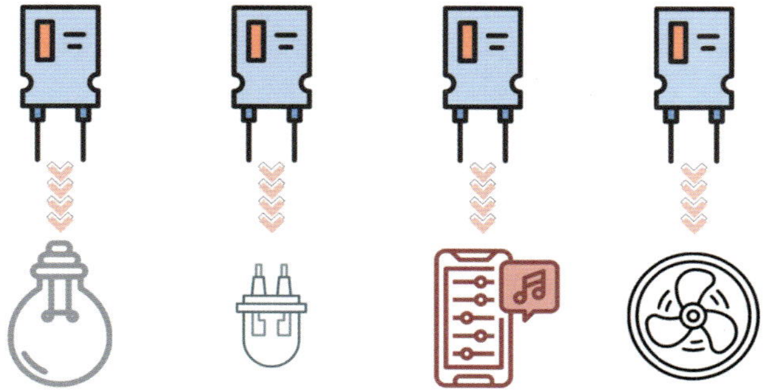

豆電球	発光ダイオード	電子オルゴール	モーター

結果 コンデンサーにためた電気は…

考察

友達の調査も含めて考えよう。

水に溶けている物に着目して、それらによる水溶液の性質の働きの違いを多面的に調べる活動を通して、水溶液の性質や働きについての理解を図る。
実験などに関する技能を身に付けるとともに、主により妥当な考えをつくりだす力や主体的に問題解決しようとする態度を育成する。

今日から新しい単元の学習です。
今日は……マメ助が大ピンチ〜お掃除したいのだの巻〜です。いつも大ピンチのような気もしますが、今日はどんなピンチが待ち受けているのでしょうか、はじまりはじまり〜。

今年は自分の体の仕組みも勉強したマメ助です。
健康にも気を遣って生活するようになりました。
そんなマメ助の最近のお気に入りがこちらです。

炭酸水です！
炭酸水と言っても、ジュースとして飲む炭酸飲料とは違って、全然甘くない飲み物です。

炭酸水にはどんなよさがあるのでしょうか。
マメ助が教えてくれました。
血行や消化がよくなったり、気分転換になったりするそうですよ。

さらに、健康に過ごすためには、身の回りを清潔に保つことも大切だとマメ助は考えています。
いつの間にきれい好きになったのでしょう。
そんなマメ助は、最近素敵なアイテムを手に入れました。

それは、塩と塩酸です。
お掃除にとっても便利なものだそうです。
どんなよさがあるのでしょう。

まずは塩です。
１Ｌの水に小さじ１〜２杯の塩を入れた食塩水を作るのですね。その食塩水に雑巾を入れて、硬く絞って拭くときれいになるそうです。殺菌効果もあるなんてすごいですね。

次は塩酸です。これは、トイレ用の洗剤などにもともと含まれているそうです。水では落ちないような頑固な汚れも綺麗にすることができて、においの基になる菌も殺菌してくれるんです。

まだあるようですよ。
次はなんとお酢です。
酢水という液体でお掃除するそうです。
酢水ってどんなものでしょう。

お酢 300ml に水 700ml 位を混ぜるだけで酢水の完成です。
キッチンやトイレ、お風呂場などの水垢や汚れや嫌なにおいを取り除くそうです。賞味期限の切れたお酢も使えるのでエコですね。

ここでマメ助が工夫していることを教えてくれました。SDGs の 12 番目の目標にもあるように、全ての生き物が共存できる未来を目指して、マメ助は環境に優しい生活を心がけています。
何をしているかというと…

炭酸水を飲んだ後のペットボトルをリユースしているそうです。
毎回混ぜるのが大変な酢水や食塩水と、塩酸の洗剤も全てこのペットボトルに入れて使っているのです。

次の日、震度6の大きな地震が起こりました。
大きく揺れて、家じゅうの物が散乱しました。

ここで事件です。
全て同じペットボトルに入れていたので、
4種類の液体の見分けがつかなくなってしまいました。

地震がおさまったので
気分転換の効果もある炭酸水が飲みたいマメ助です。
でもどれが炭酸水のボトルなのか自信がありません。
飲んでも大丈夫か聞いています。皆さん助けてください！！

これはマメ助の命の危険もあります。
間違って塩酸を飲んだら大事件です。

実際に4種類の液体を作って、空のペットボトルに入れて用意することをおすすめする。直接体験に勝るものはないからだ。
そして、見分ける手掛かりにはどのようなものがあるか、共通の物を見て考えさせることができる。

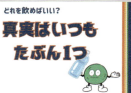
炭酸水が飲みたいマメ助は、どのボトルを飲めばよいのでしょうか。
真実はいつも……多分1つ。

理科の授業で解決できそうな問題を作りましょう。

単元名:_____

月　　日(　)　6年　　組(　　　　　)

4種類の液体をどうしたら見分けることができるでしょうか。

4種類の液体について、共通することや違うことを見いだして考えましょう。

共通点

差異点

自分の考え

自分が見いだした問題

クラスの問題

予想される児童の反応

どんなことが考えられましたか？

炭酸水は見た目で分かる

酢水は匂いで分かるんじゃないかな

食塩水はどうしたら分かるかな

塩酸もよく分からないね

ここがポイント
粒子領域で働かせたい「理科の見方」は「質的・実体的」な見方。
その見方が引き出せるように問い返しをする。

問い返し

よく分からない水溶液もあるようなので実際に見てみましょう

全部無色透明だから見ても分からないなあ

先生、振ってもいいですか？

どうして振りたいと思ったのかな？

炭酸水なら泡が出てくると思うからです

ということは、何が溶けているんだろう

溶けている物に注目すれば分かるかも
食塩水なら蒸発させればいい！

「水溶液の性質」指導計画例
※教科書と関連させて計画する。

予想や仮説を立て　実験方法を考える

1. スライドと台本と「予想される児童の反応」を見て問題を設定する。

6. リトマス紙の働きを理解し、リトマス紙を使って水溶液を弁別する計画を立てる。

9. 水溶液には金属を変化させる働きがあるか予想し、確かめる方法を考える。

実験・調査によって確かめる

2,3. 水溶液の違いについて、調べる器具を選択して結果を記録する。

4,5. 水溶液には固体が溶けているものと液体が溶けているものがあることを捉える。

7,8. 水溶液は、酸性、アルカリ性、中性に仲間分けできることを捉える。

10,11,12,13. 塩酸に溶けた金属の性質の変化を調べる。

学習をまとめる

14.
- 水溶液には、酸性、アルカリ性、中性のものがある。
- 水溶液には、気体が溶けているものがある。
- 水溶液には、金属を変化させるものがある。

生かす

15. 水溶液に溶けている物とその性質や働きについて、身の回りで見られる事物・現象に当てはめたり、生活排水による川の汚染について考えを広げ、生活に生かす。

単元名: _____

月　　日(　)　6年　　組(　　　　　　)

水溶液の性質を調べよう。

調査 赤色と青色のリトマス紙に水溶液をつけて色をぬりその変化を見て、水溶液の性質を調べましょう。

水溶液	赤色リトマス紙	青色リトマス紙	水溶液の性質
塩酸			
炭酸水			
食塩水			
酢水			
アンモニア水			

考察　　　　　　　　　　　　　友達の調査も含めて考えよう。

編集せず
そのまま使用する
（サインイン不要）

編集して
使用したいとき
※Canvaへの
サインインが必要

指導事項

人の生活について、環境との関わり方の工夫に着目して、それらを多面的に調べる活動を通して、人と環境との関わりについて理解を図る。
調査などに関する技能を身に付けるとともに、主により妥当な考えをつくりだす力や生命を尊重する態度、主体的に問題解決しようとする態度を育成する。

いよいよマメ助と一緒に勉強するのも最後になりました。今日は、マメ助の未来〜タイムスリップ？？の巻〜です。どんな未来にタイムスリップするのでしょうか、はじまりはじまり〜。

ある日のこと、昆虫採集に夢中でマメ助は5時のチャイムに気付かずに遊んでいました。
辺りはもう真っ暗です。

なんと！最終回はもう事件です！しかも大事件！
マメ助が宇宙人にさらわれてしまいました。

宇宙船の中で宇宙人と何やら話しています。
「オマエハ　チキュウガ　コノママデイイノカ」
と聞いています。
マメ助は何が言いたいのかよく分かりません。

すると宇宙人は怒り出し
「ナニモワカッテイナイナ　ミライノチキュウヲ
ミセテヤル」と言ってタイムマシーンを出しました。

「タイムマシーンダ　ハイレ」という宇宙人の指示で、
マメ助は仕方なくタイムマシーンに乗り込みました。

扉が閉まったとたん
マメ助は時空をくぐりぬけ
未来へワープしました。

ここが未来の地球です。
マメ助はあまりのカッコよさに興奮しています。

するとまたさっきの宇宙人がやってきて言いました。
「マンゾクソウダナ　オマエノスキナ　シゼンガナイ
ゾ」と。
そう言われてみればそうですが、マメ助は興奮して
いるので気にしていません。

あきれた宇宙人は、マメ助にご飯を用意しました。
「メシダ　タベロ」

ギャー！！
ふたを開けたマメ助は叫びました。
なんと昆虫ではありませんか。

未来の地球人は昆虫を食べて生きているのでしょうか。
宇宙人は「ナゼコウナッタノカ　ヨクカンガエルコトダゾ」とマメ助に言いました。

さらに「コノホシニハミズガナイ」と続けましたが、マメ助はそれどころではありません。
早く帰ってほしいと訴えました。

そして再びタイムマシーンに乗ったところで目が覚めました。
夢だったのです。

夢とは分かりながらも、宇宙人の言葉が忘れられないマメ助は、知り合いの博士のもとへ相談に行きました。
夢で見たことを全て説明しました。

すると博士までとんでもないことを言い出しました。
「なるほど…夢とはいえ、このままだと、もしかしたらそんな未来がくるかもしれないね」と。
マメ助は驚いて驚いて言葉が出ません。

そこで博士は、どんな未来が待っているか、AIに聞いてみることにしました。
「もし人間がSDGsを全く達成できないと…（続きを読む）」

するとこんな答えが返ってきました。
（画面を読む）

水を大事にするというキーワード……たしか夢に出てきた宇宙人も言っていたことをマメ助は思い出しました。

人間の生活って水やその他の生き物や自然環境とどのように関わっているのでしょうか。
真実はいつも……多分1つ……じゃないのです。
自分なりの答えを探してみましょう。

人間が生活していく上で大切だと思う関わりについて、6年間のまとめとして問題を作りましょう。

単元名: _____

　　　　月　　　日（　　）6年　　　組（　　　　　　　）

私たちの生活は、「水」とどのように関わっているのでしょうか。

私たちの生活を支えている水にはどのようなものがありますか。

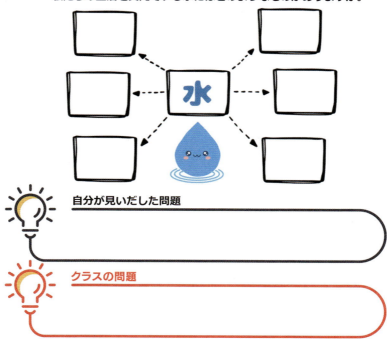

自分が見いだした問題

クラスの問題

予想される児童の反応

どんなことが考えられましたか？

海の水が蒸発して雲になる

雲が雨を降らせる

雨が川に流れる

川の水が海に流れる

ここがポイント
生命領域で働かせたい「理科の見方」は「共通性・多様性」の見方。
その見方が引き出せるように問い返しをする。

問い返し

地球と水の関係は分かりました
生物と水の関係はどうですか？

水を飲む
お風呂に入る
洗濯する

人間だけじゃないね
全ての生き物が水を必要としている

あの宇宙人が未来の地球には水がないって言ってたけどどういうことだろう

地球の70％は海なんだから水がなくなることなんてないよ

実は地球上にある水の97.5％は海水です
生活に利用できる水は、地球上の水の約0.01％
同じ水でも海水で生活できるわけではありません
さて、0.01％の水をどう使いましょうか

「地球に生きる」指導計画例
※教科書と関連させて計画する。

予想や仮説を立て 実験方法を考える

1 スライドと台本と「予想される児童の反応」を見て問題を設定する。

2 AIによる未来予測の中からテーマを選択し、調査の見通しを立てる。

実験・調査によって確かめる

3 4 5 6 図書資料やインターネット等を活用して調べた結果を発表し合う。

学習をまとめる

7
- 生物は、水及び空気を通して周囲の環境と関わって生きている。
- 水は地球上で循環している。
- 生物の間には、食う食われるという関係がある。
- 人は環境と関わり、工夫して生活している。

生かす

8 SDGsの目標から、自分にできることを選び、生活の中で意識して取り組み、その実績を蓄積する。

単元名: _____

_____ 月 ___ 日( ) 6年 ___ 組(_____)

調査 テーマを決めて、調査を開始しましょう。

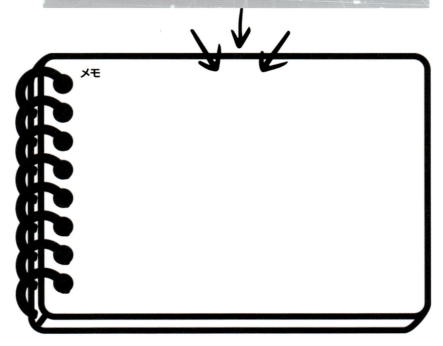

もしみんながSDGsの目標を守らなかったら、100年後の地球はこんな風になるかもしれません。

1. 地球がとても暑くなる
夏が今よりもっともっと暑くなって、外で遊ぶのが危なくなるかもしれない。
海の水が増えて、いくつかの町や島が水の中に沈んでしまう。

2. 自然が壊れてしまう
森や川がなくなって、動物たちが住む場所がなくなってしまう。
お魚も少なくなって、お寿司やお刺身が食べられなくなるかもしれない。

3. 食べ物や水が足りなくなる
みんなが飲む水や食べるごはんが足りなくて、お腹を空かせる人が増える。
農作物が育たなくなって、野菜や果物がとても高くなるかもしれない。

4. 争いが増える
お水や食べ物をめぐって、国と国の間で大きな争いや戦争が起こる。
家を追い出される人が増えて、行く場所がなくなってしまう。

5. 空気や水が汚れる
空気がもっと汚れて、外で深呼吸をするのが危なくなる。
ゴミや汚れた水が増えて、川や海が臭くなっちゃう。

でも、みんなで力を合わせて地球を守ることができれば、もっと楽しい未来が作れるよ！
例えば、水を大事にしたり、ゴミを減らしたりすることから始めよう！

メモ

おわりに
あなたの笑顔のために

夢から夢へと橋を架けて渡る

　こうして自宅で「おわりに」を書いている今は、2025年の1月6日未明です。いよいよ3学期に向けた勤務校での仕事始め前日となりました。

　本書の5年生版は、元同僚の後輩との伴走によって生み出したコンテンツ（マメ助のスライド）を広めたいとの思いで執筆しました。私の目の前にいる子ども、そしてその後輩の目の前にいる子どもの笑顔のために試行錯誤した成果を、書籍としてoutputさせていただきました。だから5年生版の執筆をしていたときは、単著の執筆も初めてでしたし、読者の顔をイメージしながら書くことはできていませんでした。私にとっては未知への挑戦だったからです。

　しかし、本書を執筆しながら常にハッキリと思い浮かべていたのは、5年生版を活用していただき、マメ助と子どもたちとの関わりを嬉しそうに語ってくださったあなたの笑顔です。大げさでも何でもなく、私はもう一度あなたの笑顔が見たくて本書を執筆しました。

　今年度は、夏休みに『集団を仲間に変える学級経営「トガリ力」輝く12ヶ月の学級会実践』と『保護者対応　信頼はぐくむ教師の「聞く力」』の2冊の執筆に挑戦していたこともあり、本書（6年生版）の執筆は今年度中には無理だろうと実は諦めていました。しかし、教育関係のイベント等で5年生版を読んでくださった方にお会いするたびに、なんとも嬉しそうに興奮しながら子どもたちとの授業の様子を聞くことができました。そして、5年生の担任としてマメ助を使ってくださっているとしたら、次年度は6年生に持ち上がるかもしれない、それなら何としても6年生版の出版を間に合わせたいと腹を決めました。

　そうして、本書の出版が決まったのが12月中旬。3月末の出版に間に合わせるためには、1月中旬の締め切りを厳守する必要がありました。長い夏休みを含め

て3ヶ月かけて執筆した5年生版に比べ、たった1ヶ月で6年生版の執筆を終わらせなければいけません。こんなに短い睡眠時間を重ねた冬休みは人生で初めてです。しかし、心は常に晴れやかでした。なぜなら、あなたの笑顔をいつでも思い浮かべることができたからです。こんなにありがたいことはありません。本当にありがとうございました。マメ助も喜んでいることでしょう。

　また、3月末に出版したいという無茶なお願いを聞いてくださり、最後まで伴走してくださった学芸みらい社の阪井一仁様にも心からお礼を申し上げます。

　興奮しながらも、さすがに少し眠くなってきました。今日は大好きなMr.childrenの「幻聴」を聞きつつ、幸せな気持ちのまま布団に入りたいと思います。また、マメ助の話を聞けることを楽しみにしています。

向こうで手招くのは宝島などじゃなく
人懐っこくて 優しくて 暖かな誰かの微笑み

遠くで すぐそばで 僕を呼ぶ声がする
そんな幻聴に 耳を澄まし
また今日も 夢の橋を渡り追いかけるよ

参考文献
大﨑雄平『はじめての理科専科』東洋館出版社、2023年
鳴川哲也『理科の授業を形づくるもの』東洋館出版社、2020年
レイチェル・カーソン著、上遠恵子訳『センス・オブ・ワンダー』新潮社、2021年
寺本貴啓・有本淳　編著『「問題を見いだす」理科授業　マンガで分かる導入場面』
東洋館出版社、2024年

◎著者紹介

生井光治（なまい・みつはる）

1983年生まれ。
2006年より東京都公立小学校教諭。EDUBASE CREW。3児の父、野菜ソムリエ。
地道に、ただ地道に目の前の子どもたちの目がいかに輝くかについて一瞬一瞬向き合い、実践を積み重ねる。
33歳より担任と教務主任を兼務し、すべての教員が持続可能な職場環境を目指して働き方改革を推進。
その実践やアイデアはX（https://twitter.com/backnamchildren）で定評がある。
著書に『教師・子どもワクワク！ 小学5年理科 全単元スライド＆ワークシート』『集団を仲間に変える学級経営「トガリ力」輝く12ヶ月の学級会実践』『保護者対応 信頼はぐくむ教師の「聞く力」』〔シリーズ：若い先生のパートナーズBooK／学級経営〕（すべて学芸みらい社）がある。

教師・子どもワクワク！
小学6年理科 全単元［導入］スライド＆ワークシート

2025年5月1日　初版発行

著　者　　生井光治
発行者　　小島直人
発行所　　株式会社 学芸みらい社
　　　　　〒162-0833　東京都新宿区箪笥町31番　箪笥町SKビル3F
　　　　　電話番号 03-5227-1266
　　　　　https://www.gakugeimirai.jp/
　　　　　e-mail：info@gakugeimirai.jp
印刷所・製本所　　株式会社ディグ
企　画　　阪井一仁
校　正　　由井千明
装丁デザイン　SHIRONAGASU WORKS
本文組版　小沼孝至

落丁・乱丁本は弊社宛にお送りください。送料弊社負担でお取り替えいたします。
©Mitsuharu NAMAI 2025 Printed in Japan
ISBN978-4-86757-075-3 C3037